人生は生きがいを探す旅

神谷美恵子の言葉

日野原重明［監修］
昭和人物研究会［編著］

三笠書房

まえがき――「生きがい」に惑《まど》う多くの人を励ました言葉

およそ五〇年前の一九六六（昭和四一）年に『生きがいについて』という本が出版され、評判になった。そんなに読みやすい本ではない。まして、著者の神谷美恵子は当時、学問的業績は別として、一般にはほぼ無名の人物である。

精神科医で語学の天才として翻訳書は何冊もあるが、お堅い専門書が主である。版元でも、部数的にそれほど期待が高かったとは思えない。しかし、その著書は予想に反して、今なお売れ続けるロングセラーとなっている。ところが神谷美恵子は、没後約四〇年を経て、知る人ぞ知る存在になってしまったようである。若い人で知る人は少ない。

彼女の偉大さは、医師としてのナイチンゲール的「博愛精神」だけでなく、専門家も舌を巻くほどの語学力と翻訳能力、そして自身の精神哲学を深く探求した文学活動や医学専門書の執筆といった「幅広い文筆活動」に象徴される。

その一端を紹介すると、一般啓蒙書では『生きがいについて』『人間をみつめて』『こころの旅』の三部作、専門書では『精神医学研究』、翻訳ではマルクス・アウレリウスの『自省録』から、グレゴリ・ジルボーグの『医学的心理学史』、ミシェル・フーコーの医学・哲学の書物に至るまで、数多く訳出している。

このように、神谷美恵子の業績と人格をつぶさに検証すると、彼女が昭和史第一級の女性であったことがわかる。子ども二人を育てながら夫を助け、困難な時代に精神科医として、ハンセン病療養施設である国立療養所長島愛生園《ながしまあいせいえん》で医療に尽力し、同時に文筆家、教育者、研究者としても大きな業績を残した。

ハンセン病が業病《ごうびょう》として忌み嫌われていた戦前に、それなりに恵まれた家庭に育ちながら、ハンセン病患者のために医師か看護師として自分の人生を捧げたいと十代で決意した。その念願が四〇歳を過ぎて実現したのである。

そこに至るまでにはいくつもの大きな障害があり、それを、牛歩に似た歩みで克服してのことであった。美恵子ののこした聖句のような数々の言葉は、その苦しみを経てこそ磨かれたものに違いない。

美恵子の深い思索と人生の苦闘はどんなに豊かな時代になっても、われわれに大きな教訓と救いを与える。彼女の「複雑な人間構成」は、その思想と行動に上質の人間的情感をまぶすこととなった。

末期《まつご》の患者であれ社会の最底辺で生きる人々であれ、どんな人間にも「生きがい」は付与されていると美恵子は言い切る。「『生きがい』は好きな仕事をしてこそ得られる」というような図式的、かつ素朴なものではない。

「なぜ私たちでなくあなたが？」と、患者をいたわりながら生涯問い続けた。その答えは、永遠に見つからないだろう。しかし、それを問い続けることの意味を、美恵子は大事にしたに違いない。

妃殿下美智子さまのご相談役、お話し相手として、自身の健康上の問題が発生するまでほぼ七年間、東宮御所に参内《さんだい》したことは事実である。精神科医という肩書ゆえ、誤解を招きかねないのでこれについて世間に口外したことはない。美智子さまからのご信頼は、きわめて厚かったようである。

本書が生き難《いがた》き世の「生きがい」に惑《まど》う人に、光さす「聖なる声」として届けば幸いである。神谷美恵子の知と愛にあふれた言葉と、あえて困難な人生を選択した勇気と使命感に、必ずや何かを感じていただけるに違いない。

昭和人物研究会

もくじ

まえがき――「生きがい」に惑《まど》う多くの人を励ました言葉 1

第1章 人間をみつめる言葉
――「野に咲く花のように」

01 私がこれから進むべき道 14
02 不運に泣く人 16
03 心の健康 18
04 欲望 20
05 知性とは 22
06 人間の心に起こるふしぎな現象 24
07 弱者の立場 26
08 生きる意味 28

09 与える人と与えられる人 30
10 他人をなぐさめるということ 32
11 沈黙の宗教 34
12 「人類の一員」として 36
13 「深い真理」の欠片《かけら》 38

第2章 困難に立ち向かう言葉
——「人間は、ただではころばない」

14 まわり道 42
15 弱点 44
16 自由への欲求 46
17 失う覚悟 48
18 時間のふしぎさ 50
19 自分の価値 52
20 汝自身たれ 54

第3章

人生を克服する言葉

——「自分は病人に呼ばれている」

21 泣くな、泣くな 56
22 最高のたのしみ 58
23 傍若無人 60
24 私の仕事 64
25 運命 66
26 長島愛生園 68
27 医者の使命 70
28 恋愛と心の成長 72
29 ふしぎなよろこび 74
30 道を求めて 76
31 人生を送る材料 78
32 科学と文学 80

33 文学者の生き方 82
34 ヒルティの刻印 84

第4章

生きる意味を求める言葉

――「ここにこそ私の仕事がある」

35 自殺について 88
36 生きがい感と幸福感 90
37 人間の欲望 92
38 生きがいを求めて 94
39 使命感に生きる 96
40 目標への道程 98
41 自己のアイデンティティの確立 100
42 時間の効能 102
43 生きがいと孤独 104
44 肉体と精神 106

45　生存充実感　108
46　自由を得る道　110
47　読書に助けられて　112

第5章

愛の真実に生きる言葉
――「生まれて初めて現実の恋を知った」

48　一彦の死　116
49　生きているのが苦しいとき……　118
50　死の破壊的なイミ　120
51　買いかぶられる私　122
52　私の裡《うち》なる妖婦　124
53　生まれて初めての現実の恋　126
54　宣郎との愛　128
55　結婚　130
56　現実との対決　132

57 夫婦のきずな 134
58 夫婦のかたち 136

第6章

生きがいを育てる言葉

――「人間の存在価値は、人格にあり、精神にある」

59 肉体と精神の独立の価値 140
60 新しい生きがいを、みいだしたいなら 142
61 肉体的苦痛と精神的苦痛 144
62 「縁」というべきもの 146
63 生《せい》の内容がゆたかに充実している 148
64 四つの問い 150
65 退屈は精神が健康である証拠 152
66 自己との対面 154
67 人生最大の幸福 156
68 理想に邁進する 158

69 死は生の友 160

第7章 貴い人生を全うする言葉

――「なぜ私たちでなくあなたが?」

70 絶海の孤島 164
71 なぜ私たちでなくあなたが? 166
72 孤独な心に寄りそって 168
73 キンドレッド・ソウル 170
74 夫婦の縁 172
75 母の苦労を思って 174
76 更年期主婦の虚無感 176
77 心の世界 178
78 外部からの配慮 180

79 境遇に支配される人間 182
80 父への手紙 184
81 兄の本棚 186
82 同志として 188
83 絶望の門を出て 190
84 死もまた自然 192
85 心のハイマートに 194

監修者あとがき──「生きがい」は人間を解放する　日野原重明 196
神谷美恵子　年譜 202
出典一覧／参考文献 206

編集協力／張山耕一

※本書には、今日からみると差別的、もしくは不適切とされる表現が含まれていますが、当時の状況に鑑み、また作品自体の歴史的・文学的な価値を尊重し、原文のまま収録しました。ご理解いただけますよう、お願いいたします。

※出版にあたっては、神谷美恵子氏の長男 律様、次男 徹様と夫人 永子様に、原稿確認や写真提供などご協力をいただきました。この場を借りて、厚く御礼申し上げます。

第1章

人間をみつめる言葉

――「野に咲く花のように」

01 私がこれから進むべき道

人間であるとはどういうことか。
人間が見ている世界が世界の全部だろうか。
人間は今のようにしかありえないのか。
こういう問いは少女時代から
ふわふわと頭をとりまいていて
離れなかった。

1966年、イギリス　ウォーリントン・パーク病院にて

「人間であるとはどういうことか」。これが美恵子の生涯を貫く研究テーマだったのではないだろうか。その類い稀な語学力でマルクス・アウレリウスの『自省録』、グレゴリ・ジルボーグの『医学的心理学史』、ミシェル・フーコーの『精神疾患と心理学』など優れた訳業を残しているが、どれも誰かに頼まれたものではない。彼女の人間探求の一環だった。

余談だが、いかに美恵子の語学力がレベルの高いものであったかは、精神科医で作家のなだいなだが、美恵子の追悼文で言及している。それによるとジルボーグの『医学的心理学史』は欧米では非常に高い評価を得ていたが、ギリシャ語、ラテン語、ドイツ語、フランス語の原語のままの引用が多く、日本の精神科医の語学的素養では全く手に負えるものではなかった。なだは語学オタクを自負していたが、美恵子の訳を読んで完全に天狗《てんぐ》の鼻を折られたという。それだけ優れた訳業であった。

美恵子はジルボーグの本を訳出した後、ゴッホ展を見た帰りに、「人は自分であり切らねばならない。自分はこれから進むべき道をはっきり示されたように感じた」と、一種の啓示を受けたと語る。これを翌日、夫の宣郎《のぶろう》にも語り、同意を得ている。つまり、表現することに余生を捧げる、という決意である。美恵子は四四歳になっていた。

02 不運に泣く人

人間が生きて行く上で、避けられないのはなんらかの意味での生存競争である。（中略）入学試験、卒業試験、就職試験、またよい配偶者をつかむチャンスなど、どれをとってみても、幸運をつかんだ者は他人をけおとしてつかむわけである。

世の中で幸運といわれるものに恵まれた人のかげにはいつでも不運に泣く人が存在する、と言っても言いすぎではないだろう。

1963年、プリンストンにて

人間がここまで地球上にはびこり、最も繁殖力の強いネズミに征服されなかったのは、人間が彼らの駆除に成功したからである。それなのに人間は、人間にもその矛先《ほこさき》を向ける——。そう考える神谷美恵子は、人間が人間の加害者として立つことに警鐘を鳴らしている。人種差別、階級差別、戦争などがそうだ。

これを単に「生存競争」「適者生存」などと言って、澄ましていられるものだろうか。この生物界の無慈悲にも思える原理原則は、人類の生存にも等しく適用されざるを得ないものだとしても、簡単に肯定し割り切っていいものなのか——。

長島愛生園《ながしまあいせいえん》のハンセン病患者についても、美恵子は彼らへの「隔離策」が、「生涯の犠牲」を強いることになった歴史に思いを巡らせる。

また世の中の幸不幸、運不運すら、なぜあの人なのか自分なのかということさえ説明はつかないのである。努力や心がけでは如何《いかん》ともし難いものが、人生にはある。

そうであるならば、美恵子の「自分だけ、自分の家族だけがしあわせになればよい、という考えだけでは、どう考えても片手おちだと思う。だいいち、どこに自分や自分の家族が災難にみまわれないという保証があろうか。いのちのもろさ、はかなさにおいて、私たち人間はみな結ばれているのだ」という言葉に説得力が出てくる。

03 心の健康

日ごろ病める心ばかりみていると、
心の健康というものは
からだの健康よりもなお一層あたりまえでないこと、
文字通りありありがたい奇跡のようなものにさえ
おもわれてくるものなのである。

惜しまれながら二〇一六年に亡くなった推理作家の夏樹静子《なつきしずこ》の著書に『椅子がこわい』という闘病記がある。五〇歳を過ぎて腰痛に悩まされた夏樹はさまざまな病院や整体、鍼灸医《しんきゅうい》を訪ねるが一向に症状は改善されない。しかしある精神科医に出会い、流行作家としての膨大な仕事に心が悲鳴をあげていると指摘される。夏樹は執筆に全くストレスを感じないばかりかむしろ楽しくさえあったので、この診断には大いに戸惑う。万策尽きていた夏樹はこの医師の治療を受け入れ、腰痛を克服する。

美恵子も、ある青年の精神科医から聞いた話を著書で紹介している。

彼の患者に、美しく、よき夫に恵まれ、ある意味何の問題もなさそうな中年婦人がいた。しかしこの婦人は二十年来、身体の不調に悩まされ、内科、婦人科、皮膚科、外科などでさまざまな診療を受けたが、何一つ改善しなかった。そのうち誠実な青年医師に心を許した婦人は、誰にも打ち明けたことのない秘密を語った。少女時代、自分のごく近しい身内の自殺を相手にリードされるがままに、結果的に手助けをした。それが「自分は人を殺した」というトラウマとなり、身体的不調を誘引していたのである。

「私たち人間の心の奥深いところには、底知れない泥沼のように、気味の悪いもの、醜いものなどがひそんでいるのではないだろうか」。これは美恵子の言葉である。

04 欲望

人生において、あれもこれも欲しいと言って
駄々をこねるような人に時どき出会う。
また、自分の中にもそういう心が
ひそんでいるのに気づくことがあるが、
それでは欲がふかすぎるというものであろう。
たいせつと思われるものが一つ二つでも与えられれば、
あとは何とか工夫して欠乏に耐えて行くほかあるまい。

欲望にはきりがない。億万長者になった人が、さらに資産を増やそうとして全財産を投資に回しすべてを失うことはよくある。これがふつうの人の間でも当たり前に行なわれていた時代もあった。一九九〇年前後のバブル景気が崩壊した後には、多くの小金持ちが資産を失い負債を負った。今になれば「なんと欲の深い人たち」とあきれてしまうが、当事者にすれば、これも一つの選択なのである。

美恵子は「人間はつねに、いわば選択を強いられている」という哲学者の言葉を引き、「しごとにせよ、結婚の相手にせよ、生活のしかたにせよ、何かをえらぶ場合にもっとも必要なのは、何がたいせつで、何が二義的か、の価値基準であろう」と述べる。

人生を金銭欲や名誉欲に判断の基準を置くと、得てして取り返しのつかないことも出てくる。彼女は結婚後、子どもが結核にかかり、当時一本数千円したストレプトマイシンを手に入れるため、また学者の夫に心おきなく研究者生活を送らせるため、自分のやりたいことを後回しにして語学教師をするなど金銭的苦労が絶えなかった。

後年、美恵子は『生きがいについて』やほかの著書を出して、本が売れると長島愛生園に電話をして「また本が増刷されたので何か必要なものに使って」としばしば寄付をした。生活に必要な額以上の金銭には執着しなかったのである。

05 知性とは

もし人間のこころの働きを、知・情・意と分けるなら
広い意味の知性、あるいは「知恵」とは、
情と意を総合した創造的なものであろうと考えられる
これはコンピューターでは果たしえない機能ではなかろうか。

長島愛生園に、「連ちゃん」という患者がいた。少年の頃、ゴミ箱をあさって警察に保護された。ハンセン病である上に結核をもち、知的障害、聴覚障害があり、口もきけなかった。愛生園に来ても周囲に心を開かず、暗い目をしておどおどするばかりであった。しかし、十数年、園にいるうち、表情も人間らしくなり、やっていいこと、悪いことがわかるようになり、そのうち困った人のために自発的に手助けができるようになった。こんな連ちゃんを身近に見た美恵子は、こう思った。

「これほど知能に恵まれず、耳も口もほとんど使えない人でも、自分から他人のために何かをしてあげようという気をおこすとは。そして他人の役に立つことによろこびを感じるとは。――このことをみた時ほど、感動したことはない」

知・情・意の知が人より劣っていても連ちゃんのように周囲に愛される人は多いが、広い意味の知性が欠けるとどうなるか。知力はあっても、周囲の状況ややっていいこと悪いことの判断に欠ければ人間関係が破綻してしまい、周囲に迷惑をかけてしまう。そんな人があなたの周囲に一人や二人思い浮かばないだろうか。

美恵子は心理学者シュテルンの定義を引いて、「知性とは人間が何か新しい課題の前に立たされた時、これをもっともよく解決する方法を見つける能力」だと言う。

06 人間の心に起こるふしぎな現象

幻視、幻聴、妄想——
人間の心にこんなふしぎな現象が
起こりうるとは。
女学校の頃から人間の心というものに
最大の関心があったつもりなのに、
こんな重要な世界を知らないで
済ませていたとは。

1935年、軽井沢にて

美恵子が結核の恢復《かいふく》期に入った頃、知人からY子を紹介され「頭が弱いから、指導して」と頼まれた。だがY子は、美恵子の目には「見るからに元気溌剌《はつらつ》としていて、応答もきびきびしていて、あたまもしごくよさそう」に映った。

美恵子は五歳くらい下のY子に週一回ほど英作文の指導をするうち、妙なことに気づいた。「はるかかなたの雲の上に小びとが乗っていて私においでおいでをする」などと作文するので「あなたの想像なのか」と問うと、本当にその情景が見えると答える。そんな腑に落ちない言動は、その後も何度かあった。その上、彼女は時々、美恵子の前から二、三カ月ほどぱったり姿を消してしまう。

ある時、音楽会の切符を入手したからとY子に誘われ音楽会に出かけ、そこで一人の青年医師を紹介された。Y子の担当医の東大精神科医局長、島崎敏樹《しまざきとしき》だった。

その頃、美恵子は女子医専で学んでいたので、後日、彼女に対する数々の疑問と今後の付き合い方を聞くべく島崎を訪ねた。すると「まずこれを読みなさい」とブムケ、クレッチマー、ヤスパースら、精神医学に関連したドイツ語の書籍を手渡された。それを読むうちY子が統合失調症であり、また謎の空白期間は東大病院に入院していたこともわかった。この出来事は、美恵子が精神医学の道に進む大きな契機となった。

07 弱者の立場

あまりにも丈夫な人というものは、
弱者の立場に立ったことがないために、
自分ではそうと意識しないで病気の人の心を傷つけたり、
冷酷であったりすることがあるのではなかろうか。
自分も病みうる存在であることに
気づかないのではなかろうか。
これがこころの病ともなれば、
思いやることはなお一層むつかしい。

「精神病の人が、世にも奇怪な幻覚や妄想におびえる時、彼がどんなに恐ろしい思いをしているのか、私たちには想像もできない」と、世間の無理解の中、美恵子は彼らを思いやる。統合失調症でも長い経過のうちには、起伏の激しい症状から徐々におだやかな暮らしを送れるようになる人もいる。

美恵子の患者には、盲人であるにもかかわらず、彼女がベッドサイドに行くと、声で誰かが分かって想像上の鯛やひらめの「釣り」の話をしたり、「寒いのにごくろうさん」などとねぎらいの言葉をかける人がいた。

「あまりにも丈夫な人というものは、自分も病みうる存在であることに気づかないのではなかろうか」という美恵子の言葉は説得力をもつ。まして「心の病」となれば、なおのことこまやかな心くばりが必要とされる。

美恵子自身、痛恨の思い出がある。前節で紹介したY子である。十代の頃から統合失調症を患い、美恵子にべったり依存していた。ある時、宣郎と結婚した美恵子が、何の気なしに夫婦でアメリカへ行く話をしたところ、彼女はその晩、服毒自殺をしてしまった。見捨てられたと思ったのであろうか。美恵子が精神医学を学ぶための契機をつくってくれた年少の友でもあっただけに、美恵子の胸にやるせない悔恨が残った。

08 生きる意味

人間の存在意義は、その利用価値や有用性によるものではない。
野に咲く花のように、ただ、「無償に」存在しているひとも、
大きな立場からみたら存在理由があるにちがいない。
自分の眼に自分の存在の意味が感じられないひと、
他人の眼にもみとめられないようなひとでも、
私たちと同じ生をうけた同胞なのである。

「先のことを考えると暗黒で、絶望しそうだ」「生きたくない、一日も早く死にたい」「身内のために自分は死んだほうがいいから、あと五年位したら自殺するつもり」「苦しい別世界を知り、人を信じなくなった」「どうにでもなれ」「愚問である。どうしてこんなことをきくのか」

これは美恵子が愛生園で一九五七（昭和三二）年に行なった、患者への調査の回答の一部である。半数近い割合で孤独、不安、抑うつ、ニヒリズム、捨鉢《すてばち》、絶望、攻撃性を表現する人々がいた。「このような、底知れぬむなしさは、しかし、らいにかかって島にとじこめられているひとにかぎったことであろうか。否、ほんとうは、人生そのものに内在しているものである」と美恵子は言う。ふつうの人は幸か不幸か世事にまぎれ、虚無感や「空」をなんとか浅くやり過ごしているだけなのだ。

痴呆で食欲だけの存在になった人、精神を病み虚無の世界に落ち込んでいる人、ハンセン病の「熱こぶ」で日夜呻吟《しんぎん》している人、彼らに生きる意味はあるのか。「生きがい」を考える美恵子にとっても、何より重い問いである。しかし美恵子は敢然《かんぜん》と答える。「この問いに対してはっきり肯定の答えをなしえないならば、精神病患者を無用の存在として殺りくした、あのナチスの考え方に戻るほかはない」と。

09 与える人と与えられる人

他に対する愛は、意識することでその輝きを失ってしまう。
ちょうど陽の光にあたった雪のように溶けてしまう。
愛のよろこびはせいぜい無意識に行われた段階にしかない。
意識するやすぐ損なわれてしまう。
そこにある自意識は何よりもいやなものだ。
自分は誰それにこれこれのことをしてやったと、
べつにだれに言わなくとも自分に言うことのいやらしさ。
それからまた人に愛をそそいでいるつもりでも、
その行為になんと不純なものがまざりうるだろう。

人間は動物園の動物ではない。動物園の猿なら餌を与えれば喜ぶだろうが、人間には自尊心がある。その辺のことを美恵子は「与える人と与えられる人」というエッセイに書いている。当時の愛生園は、よく婦人会や団体の慰問を受けた。彼らはまとまった寄付金も置いていく。しかし、彼らは必ずしも歓迎されているわけではない。「まるで動物園の動物のように、ぞろぞろ来てじろじろ見物されるのはかなわない」

国の施設だから、患者もお金に困っているわけでもない。

それでは、社会福祉にもう少し関心のある団体はどうか。一九五〇年代後半、美恵子が島にいる時、あるキリスト教系大学の学生が慰問に来た。美恵子も診察を抜け出して彼らの行動を見ていた。彼らは三十人くらいのグループだったが、祭壇の前でオルガンを弾き、司会をして説教もしていた。しかし、キリスト教の教義を述べるばかりで、患者と心を割って話をすることはついぞなかった。

患者は憐《あわ》れまれることを嫌った。それより、同じ人間として心を通わしたいのだ。

そんな中、時には「救らい」「奉仕」という気負いや意識からではなく、患者と共に肉体労働で汗を流し、心と心を通わせたいと申しでるメンバーもあった。美恵子は、これこそ本来のボランティアではないだろうか、と考えた。

10 他人をなぐさめるということ

まず自ら深く悩み、
なぐさめられたことのある者でなければ
他人をなぐさめられるものではない、
という平凡な事実である。

「どんなに大変でいらっしゃいましょう」「お察し申し上げます」「でもまたいい時も来ますよ」

美恵子は、深い悲しみの中に沈んでいる人を、このようなありきたりの言葉でなぐさめられるだろうかと、疑問を投げかける。二人の関係にかねてより親密なものがあるか、言外の態度、表情、口調、潮時などの諸要素がかみ合った場合は別だが……。

美恵子はある患者から、直接こんな気持ちを聞いたことがある。

患者をなぐさめたいと思うあまりに、ある看護師が実務をしながら長時間絶え間なく一方的になぐさめの言葉をかけ続けた。美恵子は、それを近くで目撃することとなった。しかし病人は極度の疲労もあって、看護師の善意はわかるが、いい加減放っておいてほしいと願っていたのだ。

美恵子は「なぐさめるには言葉より沈黙のほうが優ることもある」と、知った。美恵子自身の体験からも、頭から毛布をかぶって「だまってくれ、うるせいや」と看護師さえ寄せ付けない態度をとる病人には、しばらく時間をおいて接することが大事だと思っている。落ち着けば、病人のほうから話しかけてくるのだ。

「ただ聞いて頂くだけでなぐさめになるのです」と。

11 沈黙の宗教

自ら病んだ年月に私を支えてくれたものは
ことばではなく、沈黙と、そして音楽であった。
またさらに、病む人たちの療園で働いた
十五年ちかくの間、
さまざまな宗教、宗派、あるいは
無宗教の日本の底辺の人たちと
少しでも心を通じさせてくれたものは、
こうした過去から得た
「沈黙の宗教」であったと思っている。

1923〜26年、父の赴任に伴い家族で移った
スイス・ジュネーヴにて。
左から、次妹の勢喜子、美恵子、父、母、兄の陽一

一九二三(大正一二)年七月、美恵子の父前田多門《まえだたもん》が国際連盟の外郭団体であった国際労働機関(ILO)理事会の日本政府代表に任命されたのに伴い、一家はスイスのジュネーヴに向かった。ここで美恵子は、生涯を通じて多大な影響を及ぼす貴重な体験をする。その一つが「沈黙」の経験である。

美恵子は当時九歳、兄陽一《よういち》は一二歳、七歳の次妹勢喜子《せきこ》、二歳の三女とし子であった。美恵子と勢喜子は寺子屋式の学校ジャン゠ジャック・ルソー研究所に入学した。しばらくすると幼稚園部によちよち歩きの三女とし子が通うようになった。美恵子が心配になってたまにとし子の部屋をのぞくと、みんなで手をつなぎ、何分か眼をつむる「沈黙の時間」が設けられていた。その時間になると美恵子は自分も皆と同調してじっとしていると、子どもながら無限の存在、人間を超えた存在を感じるのである。

美恵子が中学校へ進学すると、母房子《ふさこ》につれられて、近所の古い建物に行くようになった。そこでは、大人の男女十数人と一緒に三〇分か一時間、皆で沈黙する。美恵子は後にそれがクェーカー教徒の「沈黙の礼拝」と知る。そんな経験から美恵子は「ことばでは伝達できないものが世界にはある。人間以上のものに対する畏敬《いけい》の念も、むしろ沈黙の中で育つのではなかろうか」という考えをもつに至るのである。

12

「人類の一員」として

スイスで幼年期を過ごしたためか、
その後の一生の間、世界のどこへ行っても
異人種を「外人」と意識することが
極めて稀薄になった。
皆無とはいわない。
しかし、最も強い傾向は「人類の一員」として
外人ともつき合うようになり、
思うままのことを彼らに表現するようになった。

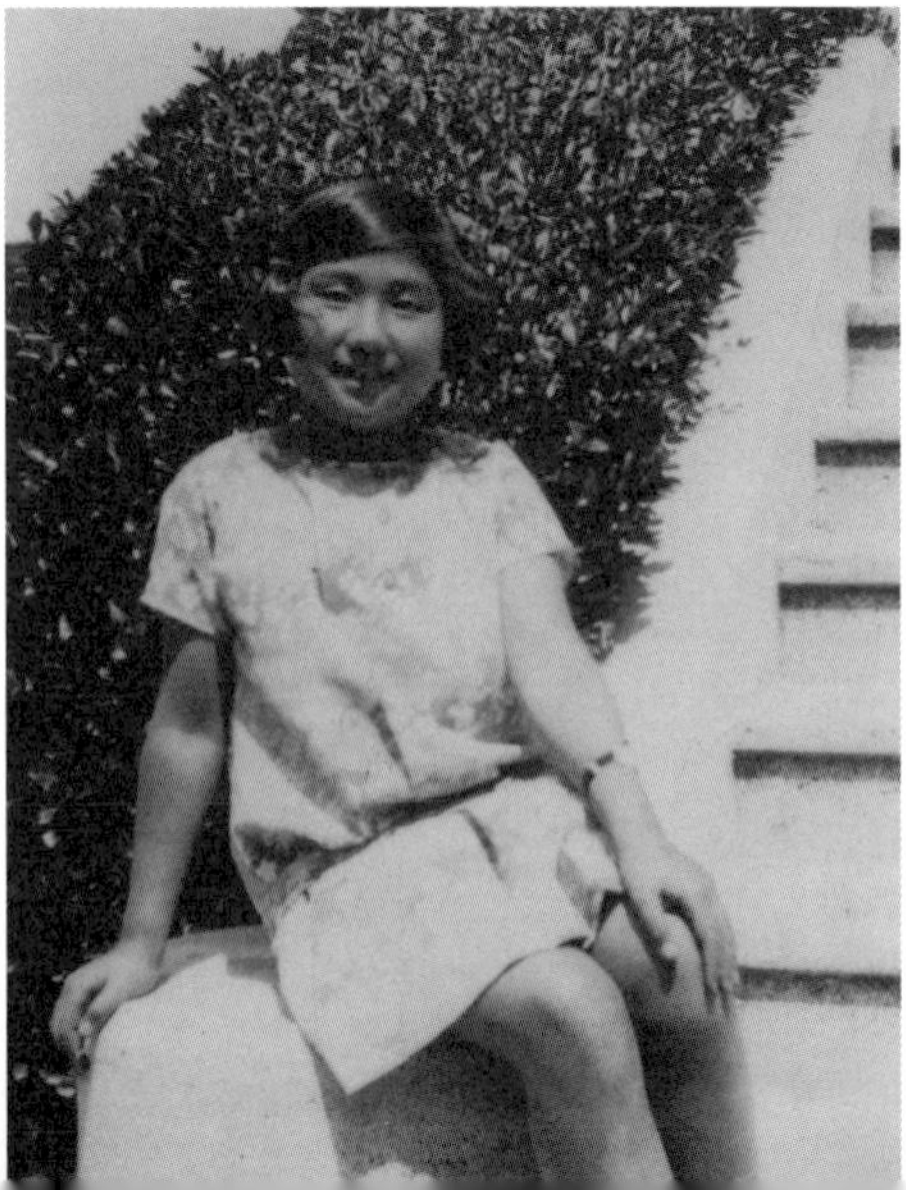

1926年、ジュネーヴの家の庭にて

ある時、美恵子はスウェーデンの学者から、「日本人で自分の考えをはっきり言うのはあなたくらいだ」と言われたことがある。美恵子の人間形成に大きな影響を与えたのは、本人も何度か書いているようにスイス・ジュネーヴ時代の環境と教育が大きかった。日本での徹底的な貴族趣味の聖心女学院の小学校時代と違って、ジャン＝ジャック・ルソー研究所への通学は美恵子の個性を十全に伸ばすこととなった。

なかでも「ミエコは現在、心理発育の途上で一つの曲がり角に来ている。その年齢にふさわしい子どもでありながら、いろいろな新しい面を見せ始めている。彼女とともに勉強するのは楽しい」と言ってくれたポール・デュプイ先生の存在は大きい。彼はフランスの最高学府エコール・ノルマルの出身で、長年そこで地理学を教え、定年後ルソー研究所に来た。

一家が帰国する時デュプイ先生は美恵子を呼んで、目に涙をためながら記念品と別れの手紙を手渡してくれた。美恵子も後年この手紙を再読して「これを読んで涙が出た。（中略）私をいつくしみ私の将来に希望をおいてくださった方だ」と感謝している。そんな経験が、民族や人種という概念を美恵子の頭の中から取り去ったのであろう。

13

「深い真理」の欠片《かけら》

「内村ときさまが俺をきちがいにしやがったのだ」、
彼の病室へ行くとよくこうどなられたものだ。
昂奮はなかなかおさまらず、
病室の窓ガラスをたたき割って
手や腕を血だらけにした彼の姿を思い出す。
しかし彼が説く教えの中には、
深い真理と思われるものもまざっていて、
ふしぎな気持ちにおそわれることもある。

この「彼」とは大川周明《おおかわしゅうめい》のことである。大川は第二次世界大戦後、極東軍事裁判で軍人や政治家が裁かれる中、その煽情的な著作や言動が問題視され、民間人で唯一A級戦犯となった。パジャマ姿に下駄という身なりで出廷した大川は、前列に座る東條《とうじょう》英機《ひでき》の頭を何度も殴りつけ、裁判長に退廷を命じられている。

大川の精神鑑定をするため東大の内村祐之《うちむらゆうし》教授が米軍医の立ち会いの下で面会し、美恵子は占領軍病院の病室と巣鴨拘置所に、教授の助手として同行している。大川の様子は「長身に紫色のガウンをまとい、発揚状態でたえず体を動かし、腕を振り、英独仏、果てはサンスクリットでしゃべりまくるので筆記に弱った。内容は宗教的、哲学的なことが主」だったと、美恵子は綴っている。大川の脳脊髄液を採取してワッセルマン反応その他の検査をした結果、疑いもなく進行麻痺の梅毒という所見が出た。そのため責任能力なしと判断され、東大の一号病室に収容され治療を受けることになった。

大川は「昭和維新」で日本改造を、「世界維新」でアジア諸国の欧米列強からの解放を希《こいねが》った言論を展開した。また、「コーラン」の全訳を果たすほどの知性の持ち主でもあった。狂ってもなお「深い真理」の欠片《かけら》が見えたのであろう。なにしろ、東京裁判を「イッツ・ア・コメディ！」と叫んだ男なのだから。

第2章

困難に立ち向かう言葉

——「人間は、ただではころばない」

14 まわり道

青年期にまわり道をすることは
一生のこころの旅の内容にとって
必ずしも損失ではなく、
たとえもし青年期を病の中ですごしたとしても、
それが後半生で充分生かされることが少なくない。
人間は「ただではころばない」
という芸当もできるのである。

1934年、軽井沢和美峠にて(美恵子は一番右)

この言葉は、美恵子自身の体験から生まれた言葉と言って間違いない。美恵子の文章と人間性が人の心をつかむ理由は、青年期の何度かの病魔と挫折体験にある。医学部進学を家族に反対され、妥協的な気分で津田塾の大学部に通っていた美恵子は、ひどく疲れを感じるようになっていた。自分でもこれはただごとではないと感じ、東京市（当時）内の保健所で健康診断を受けたところ、結核と診断された。

家に帰って、それを告げると母親は「まさか！　うちはそんな家系ではないよ」と驚き叫びながら、美恵子の傍からとびのいた。当時は、ハンセン病と同様に結核も遺伝病と考えられていた。その上母親は大の「結核嫌い」だった。担当医師のすすめる療養所入りを拒んだ美恵子は、軽井沢の山荘で療養生活を送ることとなった。本を友とした孤独な生活だったが、奇跡的に一年もたたず恢復してしまう。

ところが翌年春には結核は再び牙をむき、今度こそ治る見込みはないと医師の口ぶりから美恵子には察せられた。それならせめて死ぬ前に人類の偉大な遺産である書物を読んでおきたい、と美恵子はいっそう読書と語学の習得に力を入れた。そんな美恵子に再び奇跡は起こり、新しい治療法の人工気胸術で、結核を克服したのである。美恵子二三歳の時であった。まさに美恵子は、「ただではころばなかった」のである。

15
弱点

しごとというものはまた、
いやというほどこちらの弱点を
あばき出すものだ。

1969年、長島愛生園、楯岩海岸にて
（美恵子は左から3人め、婦人之友社撮影）

「人間は何かの仕事に打ち込んで、自分のすべてをそれに献げることによって、自分の生命をそれと交換する」。美恵子はサン＝テグジュペリが『城砦』で書いた「交換」の思想に深く同意する。美恵子は「島のしごと」を通してこの仕事の意味を確かめる。人は経験を通してしか、責任をもって人に語れないと考えるからだ。

美恵子は一九五七（昭和三二）年、四三歳の時長島愛生園の非常勤医師となり、精神科医長を経て一九七二（昭和四七）年、五八歳で健康上の理由で辞任している。その間、阪神間に住む主婦としての制約上、月に一、二回、二泊ないし四泊の島通いだった。

当時、愛生園の精神病棟では何の医療もなされず、看護師もいない悲惨な環境にあった。美恵子の奮闘により以後、状況は急速に改善されていった。一方、美恵子は「私ほどあそこで働くことにむいていない者はなかろう」と嘆く。なぜなら患者の治療には投薬だけでなく言葉による精神療法的アプローチが不可欠なのだが、美恵子は標準語しか話せない。仲間の医師はざっくばらんに大阪弁を話すので、それだけで患者との対話に違いが出る。これだけでも仕事上、かなりのハンデキャップとなった。

そんなこともあり、美恵子は「自分の身につけているものをかなぐり捨てて、心と心だけで彼らとぶつかる」と思い定めて、このハンデを着実に克服していったのである。

16 自由への欲求

自由には危険と冒険と、
そして何よりも大へんなことには責任が伴う。
であるから、鎖を外そうとして出しかけた手も
ついまたひっこめてしまうことになる。
正直にいって、人間には、
えらばないで済むほうがありがたいと
思われることが少なくない。
つまり人間には自由への欲求もあると同時に
不自由への欲求もあると思われる。

全体主義国家の国民や監獄の囚人などは、自由の実態を日々痛感する。島に隔離されたひと昔前のハンセン病患者も、同様かもしれない。

美恵子はこういう自由への外側からの統制もそうだが、「人間の心のなかにある執着、衝動、感情などが」よりいっそう人間を縛りつけていると指摘する。

「自由な意思は、盗人の手の届かない財宝である」「己れ自身を統治しえぬものは自由にあらず」。こんな言葉が残るギリシャのストア派哲学者エピクテートスは、皇帝ネロの解放奴隷に売られた奴隷だった。美恵子は「奴隷のエピクテートスが精神的に自由人でありえたのは、何よりも彼が自己に対する自由をもっていたからだ」と言う。

「こんなふうに生んだ親が悪い」「貧困が自分を苦境に追い込んだ」「家族に縛られ身動きが取れない」。こんな宿命的な状況で、一切を放り出すのか。放り出すこともできるし、踏ん張る道を行くこともできる。

美恵子はこの「宿命的」状況を受け入れると決めれば、「それは単なる宿命でもなく、あきらめでもない。一つの選択なのだ」と言う。そこにはもう愚痴の余地はなくなる。「愚痴こそ生きがい感の最大の敵である」。自由を手に入れるためには意志と覚悟を要する。それには多くの「知恵と弾力性」が必要なのは間違いない。

17 失う覚悟

よく考えてみると、死はいつ、どこに待ち伏せしているのかわからないのであるから、私たちはいつでも死を覚悟して生きて行くべきものであるのだろう。

そのほか健康、家庭、職業――すべて人生の特権というものは、いつ、なんどき奪われるものかわからないものだ。

交通事故などの災難は、突然天から降ってくるように人の身に襲いかかる。幸福の典型のような家族が、一瞬で思いがけぬ事故に遭うことさえある。ただしわれわれはふだん「死」を意識しながら生きているわけではない。むしろ、それをまぎらわしていることが多い。

「私は何かから逃避するために忙しさの中で自分を忘れて、安心らしきものを得ているのではないか」

美恵子は主婦向けのアンケート調査に、こんな回答を見つけて次のように考察する。

「ふつう『生きがい』といわれているものの多くは、この逃避に役立っているものではなかろうか。パスカルはこれを『まぎらし』とか『気散《きさん》じ』と呼んでいる。つまり、人間の多くの活動は、人間がおかれている死刑囚にも似た境遇から気をそらすものだ、とパスカルはいうのである」

死刑囚云々はさておいて、確かに家庭、健康、職業——といったものさえ、いつなんどき奪われても不思議ではないものである。離婚、がん宣告、リストラ——こんな悲劇はわれわれの周囲にあふれている。これを自覚し、悩み考えることは人生の重みを知りうる契機となるのである。

18 時間のふしぎさ

時間というもののふしぎさは、こういうときに初めて知られる。
生活に目標があり、毎日の大体の時間割がきまっているときには、
時間というものは経過しさえすれば、
それがどこかへ自分をつれて行くと感じられる。
ところがなんの目標もない生活においては、
単に夜昼の別、食事の時間があるだけで、
あとは砂漠のような時間の広がりとなってしまう。

ひきこもりで一〇年も、二〇年も経ってしまった人をテレビで見かける。呆然《ぼうぜん》とした表情で、「もうこんなに時間が経ってしまったんですね。あっという間の気がします」と答える人が多い。そこには美恵子が言うように、砂漠のような代り映えのしない風景が広がっているのだろう。また、社会生活者の日常のように時間が自分をどこかへ連れて行ってくれるわけではない。そのあたりの自覚はあるから、彼らも「これからもずっとひきこもっていたい」と答える者は少ない。

時間にはじき出された人間の思考は、どうなるのか。美恵子はこう考える。

「過去を考えることはたえがたい苦痛であり、未来は考えるさえおそろしい、という人間には、現在という時間にも現実性が感じられなくなる」。この言葉は「ひきこもり」の解釈にぴったりくる。美恵子は、結核を病むある娘の言葉を紹介する。

「私にはもう時間というものがなくなってしまったような気がする。あるものはただ苦しんでいる自分、その苦しみの意識だけではないか」

「無時間」の中にたたずむ人も、やがては現実の時間に対しても態度をきめなくてはならなくなる。美恵子は「現実の時間とは現世でつみかさねられて行く歴史的時間である」と述べている。

19 自分の価値

他人が自分をけなしても、
それで自分の価値が下がるわけでもなく、
褒めても自分の価値があがるわけでもない。
そもそも自分の価値のあるなしすら、
わからないのが人間ではなかろうか、
ただ自分は自分でしかないのだ。

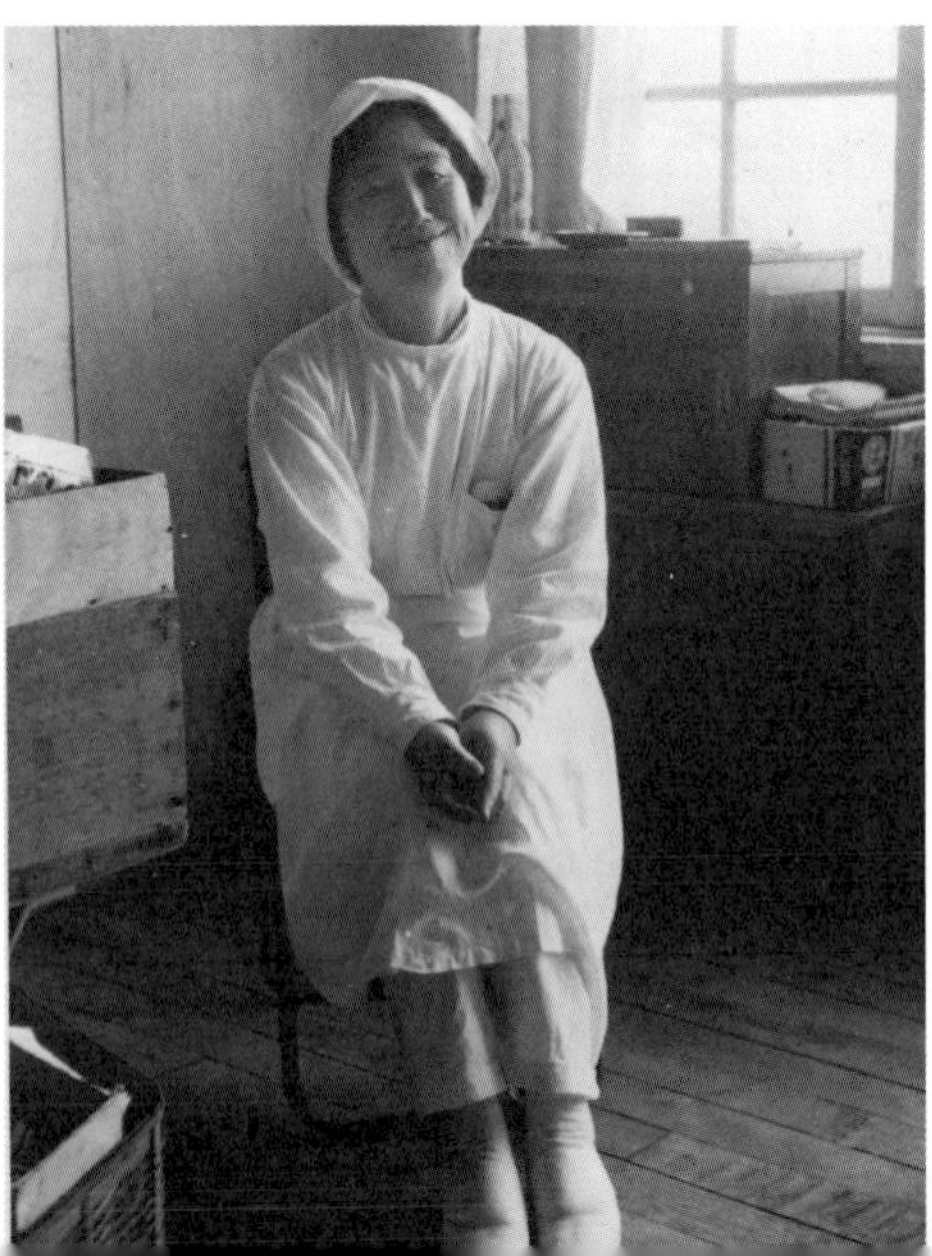

1966年、長島愛生園の診察室にて

長島愛生園の病棟を美恵子が巡回していた晩、婦長からある患者を往診してほしいと頼まれた。この患者はまだ若かったが、がんに声帯をやられていた。彼はマルクス主義に立脚した評論活動を園内の雑誌で盛んにしていたので、美恵子も知っていた。何回か往診に行くうち病状は進み、筆談の中で彼がこんな苦衷《くちゅう》を訴えた。

「ぼくが死んだら○○紙に皆がS氏はこうだった、ああだった、と得々としてぼくのことを書くだろう。そう思うとたまらなくなる」

「どうして?」

「さしみのつまのようにされるのが、たまらないんです」

美恵子は人間は順ぐりにそんなことをするのだから気にしないほうがいい、と彼をなぐさめる。「他人の価値も自分の価値もほんとうは人間にはわからないじゃない。死後なんと言われようと、それで自分の価値がきまるわけでもないのではないかしら」。

死にゆく人にどう届いたかわからないが、こういう話をすることが彼のなぐさめになっていることは見てとれたという。

「他人の目に完全なものとして映ろうと苦労したり、自分の目に自分が理想的であろうとしたりすることが、ノイローゼになることが多い」と、美恵子は考えていた。

20

汝自身たれ

「汝自身たれ」ということは
何と難いことだろう。
何と時間のかかることだろう。
そのために何と苦しまねば
ならないことだろう。
実に身を削る思いだ。
しかし身を削る思いをすることのみ
価値があるのではないだろうか。
自身の心血を注ぎ出すことのみ
自分のものなのだから。

1944年、新潟にて

常に前向きに生きた美恵子は、現実の荒波に何度ものまれそうになりながら、ひるまず立ち向かっていった。だから、自分で自分の道を切り開いていく人間には賛辞を惜しまなかった。美恵子が自宅で生活のため、また周囲の熱意に押されて長年続けたフランス語教室に通ってきた生徒たちの中で、ことに印象深い女性がいた。

その人は、十八、九歳で結婚し会社員の妻として子どもを育てている、ごくありふれた主婦だった。夫の転勤で関西に来て、もともと好きだったフランス語とフランス文学をやりたくて美恵子の私塾にやってきた。

中級クラスからすぐ上級に上がった。小柄で物静かな風貌からは窺《うかが》いしれないほどのファイトが彼女にはあった。そのうち夫が東京に転勤になり、彼女は美恵子に自分の胸の裡《うち》を打ち明けた。某国立大学でフランス文学を学びたいが旧制高女卒では資格がない。そこで短大に入学してから、卒業後、国立大学を受験すると言う。

後年、彼女はその計画を実現させたばかりか、その後は東大大学院で修士号を取り、ある私立大学の仏文科教授にまでなってしまった。美恵子は「中年夫人が暇を持て余すという話を聞くたびにこの人のことを思い出す」という。

まさに彼女は「汝自身たれ」を、身を以《もっ》て実践したのだった。

21 泣くな、泣くな

理想主義を嘲笑するものはまず自分の裡《うち》にありと思うと
泣いても泣ききれない。(中略)
けれども、この傍らのあじさいの花の色の清らかさはどうだ。
今弾いて来たバッハのトッカータの音の深さはどうだ。
そうしてあそこの本棚の詩集には、
どれにも純粋な魂の躍動がみちみちている。
泣くな、泣くな、うなだれるな。
木々の梢をわたる風の音もそうささやいている。

この日記では、美恵子は「自分からこわれる、自分からこわれる」と強迫的な神経にぶちのめされそうな自分をふるいたたせている。時に美恵子、三〇歳。

美恵子の理想とは、医師となって人に尽くすことを日々具体化することにあった。同時に「自分の醜さ、弱すぎる精神」を美恵子は責める。

愛の生活 ――→ 善

知識の探求 ――→ 真

芸術の創作と鑑賞 ――→ 美

この三つを人に与えるには、自分の生命力は堪《た》えられないかもしれないと美恵子は恐れる。美恵子は開業医として、また作家として『美しき惑いの年』などを書いて活躍したドイツのハンス・カロッサを、「献身的、かつ勉強家」として評価している。

美恵子は医学の専門家として全力で勉強するが、学者としての天分は少ないのではないか、それなら最初の動機のように「専《もっぱ》ら人を愛する道として医学にたずさわればそれでよいのだ」とも思う。そして、自分独特のものは文章を通じて表していく。

「泣くな、泣くな、うなだれるな」と自分を叱咤する美恵子の声が、今でも聞こえてきそうだ。

22 最高のたのしみ

できあいの考えや感じかたに或る距離をおき、
すべて自分のあたまで考え直し解釈し直してみること——
これこそ人間に与えられた
最高のたのしみの一つであろう。(中略)
「どうせなるようにしかならないさ」と
早くからすべてを投げ出して、
なるべく面白おかしく生きようとする人たち。
何らかの信条に熱中して馬車馬のように走り出す人たち。(中略)
しかし、この両極の人たちには共通点がある。

1931年、成城高女にてゆり組クラスメートと共に(美恵子は前列一番左)

右の文章は、美恵子が精神科医なだいなだの『わが輩は犬のごときものである』を書評したものから抜粋した。美恵子の手がけた書評は、彼女の文業に比較すると非常に少ない。それだけ、同業のなだには親しみを感じていたのだろう。

美恵子は成城高等女学校時代、よき国語教師の影響で大変な国語好きになった。若書《わかが》きの「作品」もいくつか書いた。その一つを母房子がこっそり作家の長與善郎《ながよよしろう》に持ちこんで批評を仰いだ。すると長與は読後、房子にこう答えた。

「ご家庭の影響からか、キリスト教的なものが大変濃く現れています。このわくを破って自分の頭でものを考えるようにならないと、ほんとうのものは書けないでしょう」

これを、しばらくしてから母に聞かされた美恵子は、その後ずいぶん長い間、ものが書けなくなってしまった。「『私には思想がない』という自覚が苦痛を伴ってつきまとう時代がやってきた」と美恵子は述懐する。

「幼稚な小説めいたものを書いても、ただすじや人物があるだけで、心に迫るものはないのだ」と。自分の頭が空っぽなら、せめて他人の思想から学ぼうと、プラトンやソクラテスに手を伸ばしていく。ここから美恵子は、少しずつ自分の頭でものを考える訓練を積み重ねていくのである。

23

傍若無人

「お前はもっと心臓が強ければ偉くなれるよ」と
父上に曾《かつ》て言われた。これは本当だと思う。
私のさまざまな劣等感、羞恥心、
内気、消極性、気兼、等が
私が持っているものの成長をどれだけ阻み、
遅らせたことか。
これは真に申し訳ないことだ。
ああ、もっと傍若無人になろう。

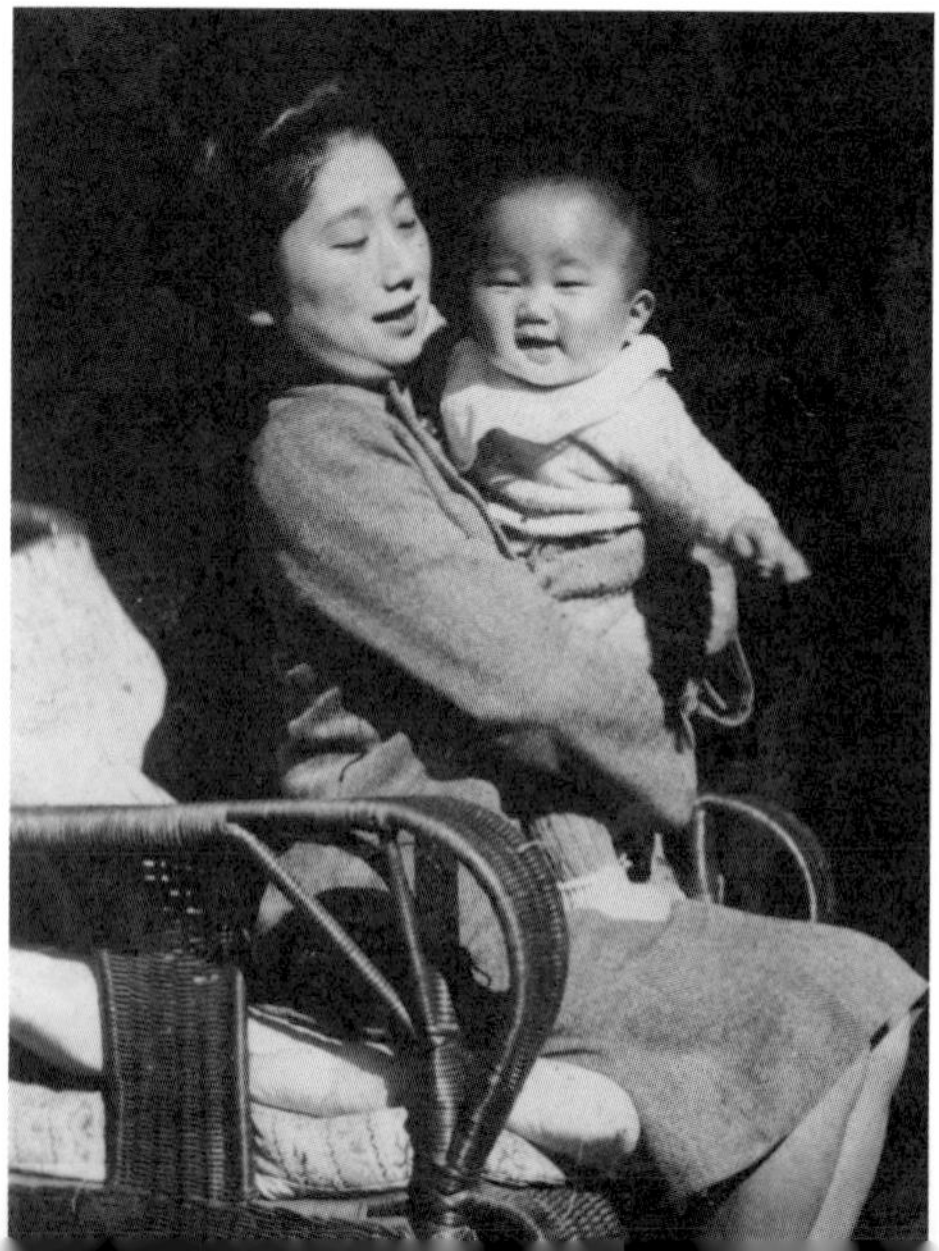

1947年、下北沢の自宅にて、長男の律をあやす

英文学者で津田塾大学元教授の近藤いね子は、美恵子の先輩にあたる。近藤は美恵子が一九五二（昭和二七）年、三八歳にして津田塾の将来の学長候補として理事会で名前が挙がっていたことを、「思い出」と題した文章の中で紹介している。

一九七三（昭和四八）年に新しいシステムによる学長選挙が始まった時にも、卒業生の頭に真っ先に浮かんだのは美恵子だった。美恵子なら教授陣のすべてに支持が得られると思われたが、近藤は「神谷さんの御性格と指向、そして何よりも健康が学長就任を許さないことは、その頃までには私にはよくわかっていた」と回想している。

美恵子の謙虚で控えめな性格はよく知られているが、一つだけ愉快なエピソードを紹介しておく。美恵子は、単におとなしいだけの人間ではないのである。

一九五〇（昭和二五）年、夫の宣郎がアメリカ出張で不在中、美恵子は目白の塀もなく草が茂った日本家屋で蚊帳《かや》を吊り、二人の子どもを寝かしつけていた。すると米兵が庭に入り、ずんずん美恵子に向かってくる。意図は明白である。美恵子はとっさに蚊帳の外に飛び出し、あらん限りの罵倒《ばとう》英語でまくしたてた。「お前は私を何だと思っているのか。戦争に勝ったからと言って日本の女をバカにするな!!」。米兵は美恵子の英語と権幕《けんまく》に圧倒され、そそくさと退散したという。美恵子の生涯唯一の武勇伝である。

第3章

人生を克服する言葉

——「自分は病人に呼ばれている」

24 私の仕事

患者さんたちのかたわらには
三《み》上《かみ》千《ち》代《よ》さんという
母性的な看護婦さんがおられた。
患者さんたちの彼女に対する信頼の態度、
それらに私の目と心は奪われた。
ああ、私もこの方のように、
こういう患者さんのところで働きたい！
ここにこそ私の仕事があったのだ！
という心が強く深く湧きあがった。
苦しむ人、悲しむ人のところにしか
私の居どころはない、
とすぐさま思いさだめてしまった。

1932年、成城高女の卒業アルバムの美恵子

「賛美歌のオルガン弾きとして、一緒に来てくれないか」という叔父金沢常雄《かなざわつねお》につれられて、多磨《たま》全生園《ぜんしょうえん》に行ったことが、美恵子の人生を決めることになった。一九三三（昭和八）年、美恵子一九歳の時である。

ハンセン病についてそれまでほとんど知識のなかった美恵子にとって、さまざまな身体的不具合のある患者たちの姿は大きなショックを受けずにいられなかった。「自分と同じ世に生を享《う》けてこのような病におそわれなくてはならないとは。これはどうしたことだろう」。ハンセン病患者のために医師か看護師になるという決意は、父母や恩師の猛反対を受ける。しかしこれは、当時としてはふつうの反応であった。

一例を挙げよう。精神医学者中井《なかい》久夫《ひさお》は同期の医師仲間からの目撃談を聞かされた。ある大学病院に、患者が来た。その人がハンセン病患者と分かった瞬間、担当医は「そこを動くな！」と大声を出して、すぐさま保健所に連絡をして、患者を退室させ、さらに部屋中を消毒させたのである。それが一九五〇年代の話である。

その二〇年も前の、ハンセン病の治療薬すら知られていない時代である。いかに美恵子が困難な目標に挑もうとしていたかがわかろう。また、十代の女性がハンセン病患者の傍に寄り添おうと思い定めた覚悟に、感動さえ覚える。

25

運命

運命というものは、
必ずしも人間にとって悪いものばかりを
もたらすわけではないが、
人間の身勝手な性質として、
良いことは当たり前のこととして
受け取りがちである。

1939年、フィラデルフィア郊外の
ペンドル・ヒル学寮にて

古代ギリシャ語を学び、ギリシャ悲劇を好んで読んだ美恵子にとって、「運命」とはどんなものか。考えさせられる言葉である。また、両親や恩師の強い反対にもかかわらず、初志貫徹で医学の道に進んだ美恵子の人生の紆余曲折を考えずにはいられない。一九歳で叔父の金沢常雄の伴をして多磨全生園を訪ねて以来、埋み火《うずび》のようにくすぶっていた医学への道。この後押しをした親友が、生物学者の浦口真左だった。

美恵子は一九三八（昭和一三）年一〇月、父前田多門がニューヨークの日本文化会館館長に就任したため両親や兄妹と共にアメリカに向かった。彼女が二四歳の時であった。ブリンマー大学に籍を置き、フィラデルフィア郊外のクェーカーの学寮、ペンドル・ヒルに入寮した折に、同年齢の浦口と知り合う。すぐに意気投合した二人は、なんでも相談し合う親友となった。

浦口によると、美恵子が、看護師か医師になってハンセン病患者の助けになりたいというあきらめきれない願望を語った時、ふと「自分は病人に呼ばれている」と口走ることがあったという。不思議なことを言うものだと思った浦口は、「そんなに思うのなら、なぜ今から医学修業をはじめないのか」と強く勧めた。浦口は、しばらくして父の許しが出た時の美恵子の弾んだ声を忘れない。運命の第二章の始まりだった。

26

長島愛生園

うちよせる波の一ばん先の白波のところが
蛍光を発して透明に輝く。
真暗な海に光るこの色にはこの世ならぬ感じがあった。
次から次へとよせる光の波をいつまでも眺めながら、
人間の運命というものを考えた。
どうせ一つの生命、
したがる人のあまりない仕事にささげ切ることを
両親にも許してもらえないものか、
神様にもご嘉納頂けないものかと苦しいまでに願う。
それは自分で考えることを
学者やカリスマ的人間に任せてしまっていることだろう。

1943年、東京女子医学専門学校時代に訪れた、ハンセン病療養施設「長島愛生園」にて。光田園長以下、スタッフと共に(美恵子は前列左から2人め)

美恵子が初めて長島愛生園を訪ねたのは、一九四三（昭和一八）年八月のことだった。美恵子は二九歳になっていた。美恵子は『愛生園見学の記』を後年、発表している。滞在したのは一二日間だったが、園長ほか医師、看護婦、患者との交流、医学生としての好奇心、学問的意欲などがいきいきとした文章で綴られている。

両親に許してもらえるなら明日にでも愛生園で医師として活動したい、という気持ちも底流にある。それには医学者として立派な業績をあげているだけでなく人間的魅力にあふれた園長光田健輔《みつだけんすけ》との出会いも与《あずか》っていた。ある日、美恵子は光田に尋ねた。

「もし、ここの医者になりたいと思ったら卒業してからどこかの病院で二、三年何かの科を専攻して来たほうがよいのでしょうか」

「いや、以前はだれにでもそう言ったのだがね。今は手が足りないので、すぐ来て貰ったほうが有難いね。来たら歓迎しますよ」

どんなかたちであれ来てくれれば協力は惜しまないという光田の言葉に、美恵子はあふれる思いをのみ込むしかなかった。島から離れる時に看護師長に「待ってますよ」と言われ「ええ、待っていて下さい」と、美恵子はためらいなく答えた。しかし、美恵子が医師として島を再訪するまでには、およそ一三年の歳月を待たねばならなかった。

27
医者の使命

医者であってしかも人の苦痛に無関心であってよい
ということは私には考え難いことだった。
医者になる動機は何を措いてもまず
人への奉仕であるべきだと
私は理屈なしに思い込んでいた。
ところが何もそう決まったことではなかったのだ。

第二次世界大戦下の一九四五（昭和二〇）年三月、本土が次々に爆撃を受け、東京だけで市街地の五割を焼失し、罹災者《りさいしゃ》は一〇〇万人超、死者も一〇万人以上に上った。美恵子の勤務する東大病院も負傷者で大わらわの状況に陥っていた。そんな中、一人の担当医に任せきりで、患者に目もくれない医者が多いのに、美恵子は驚き慨嘆する。

「自分は医者らしいことは嫌いだから。もうそんな内科や外科のことは忘れてしまったから」というのが彼らの言い訳であった。

これは美恵子の同僚、精神科医局の仲間のことに違いない。「医者になることは即ち、苦悩に悩む人と切っても切れぬ縁を結ぶことではないか」と、美恵子は憤懣《ふんまん》を日記にぶつける。一方、「理屈で考えれば何もそうでなくてもよかったんだ。クリスチャンだって何も人を愛そうとしなくたって、いいわけだったのだ」と、自分の無知を笑う。

そんな美恵子だが、ある罹災者に付き添っていたおばあさんから、「目が見えなくなって困っている」と相談され、肝油を持って行ったところ、二日目に見えるようになったと言って狂喜するのを見て、共に喜ぶ。美恵子の医師としての使命感は、こんな小さなことにも大きな喜びを見つけるのであった。

28 恋愛と心の成長

恋愛には、自分についても相手についても、
二人の結びつきについても多くの幻想がふくまれている。
この幻想を多少ともぶちこわすのが結婚であろう。
理想と現実の差である。
しかし、たとえ「幻想への別れ」や悲劇に終わったとしても
恋愛することによって人のこころは大きく成長する。
詩人テニスンは「愛して失ったほうが、
全然愛さなかったよりいいことだ」と
『イン・メモリアム』で歌った。

このような恋愛観を述べる美恵子だが、腎臓結核のため二一歳の若さで亡くなった東京帝国大学学生の野村一彦《のむらかずひこ》とのことはどう考えていたのだろうか。一彦は『銭形平次捕物控《ぜにがたへいじとりものひかえ》』の作者として知られる野村胡堂《こどう》の長男で、成城高校時代から美恵子の兄陽一《よういち》の親友だった。その頃から一彦は美恵子に強い恋愛感情をもち、陽一にも告げ、美恵子にも伝わっていたようだが、生前二人は会話らしい会話をほとんど交わしていない。全くのプラトニック・ラブ（プラトン的愛）に終わっている。

しかし、後年刊行された一彦の日記を読むと、そのほとんどの記述は美恵子への恋慕の情に埋め尽くされ、彼女の何気ないそぶりに一喜一憂するさまが見てとれる。

「僕を信じさせるために、陽ちゃんは美恵ちゃんが外《ほか》の人は決して愛して居ない事を話した。又、僕がこの前、前田さんの家を帰る時には、どこへ行ったかと思ったら電気を消してＢｅｔｔ（ベッド）の下に隠れて居た、という事を話した」

一彦の早すぎる死は、美恵子の精神に大打撃を与える。一彦の死後、彼の妹瓊子《けいこ》から日記の存在を告げられた美恵子はそれを読んで、「発狂か自殺か」と悩み、「一生結婚するまい」と決める。美恵子の大好きなプラトンは「愛する者の狂乱は、あらゆる狂乱の中で最も幸いなるものなり」と言ったが、彼女にこの言葉は届いていただろうか。

29

ふしぎなよろこび

看護婦さんたちとも、患者さんたちとも、
当直をすることによって、ずっと身近になれることが
何よりもうれしいことです。(中略)
夜一人遠くへ往診に行くときなど、
まっくらな中で星を仰ぎ、
海の音をきき乍《なが》ら道を急いでいると
ふしぎなよろこびが湧きあがって来ます。
こういうことの許される時期があったというだけで、
感謝して死ねるような気がします。

1950年、夫の宣郎、長男の律、次男の徹と共に

これは親友の浦口真佐《うらぐちまさ》に宛てた手紙の一節である。一九六五（昭和四〇）年、美恵子は五一歳になっていた。愛生園の精神科医長になり、津田塾大学は非常勤で、『生きがいについて』は翌年の出版を控え、美恵子は人生の完成時期を迎えていた。

右の文章の数行後には「さあ、子供たちをおこす時間がきました。これでおしゃべりはやめましょう。律と徹の二人とも元気で、あまりひねくれもせず青年期をのりこえているようです」と、家庭的な幸福も綴っている。一五年前に、恐ろしいことが子どもの身に起こったことを思えば、美恵子には夢のようにも思えたことであろう。

一九五〇年、美恵子は流感《りゆうかん》（インフルエンザ）にかかり四〇度の熱を出し、子どもの面倒がみられなくなったため、派出婦《はしゆつふ》を二〇日間雇うこととなった。五〇歳前後の派出婦は次男をおんぶし、長男の手を引いて家事全般を切り盛りした。彼女はいつも咳《せき》をしていたが、その数カ月後、開放性の重症結核で亡くなったことが分かった。気になった美恵子は保健所に子どもを連れて検査してもらうと、二人とも結核に感染していた。

米軍放出の闇物資で一九五〇、五一年当時、一本数千円もするストレプトマイシンを、ぐったりしたわが子に毎日打つためになりふり構わずしゃにむに働く日々が始まった。そんな末の安息と平安が、右の文章には出ている。

30 道を求めて

男女を問わず人間に求められているのは自分がいま、
どんな時代に生まれあわせているのか、という認識と、
男または女に生まれついたことへの覚悟であろう。
どっちみち、制約は避けられない。
めいめいがおかれた立場で、
制約の網の目をくぐりながら、
できるかぎり「主体的に」生きて行くほかない。(中略)
一生のあいだ、道を求めて歩きつづけるのが
人間というものなのだろう。

人間の歴史を考えるとき、女は男以上に社会的制約を受けてきた。その中で、「主体的に」生きて、道を開いてきた人には何があったのだろうか。

「聖人」に列せられた、マザー・テレサは旧ユーゴスラヴィア出身で十代のうちに修道女としてインドに渡った。主として修道院が経営する高等学校の教師をしていた。ところがダージリン行きの汽車に乗っている時、霊的体験をする。

「スラム街の極貧の人々の中でキリストに仕えよ」との神の声をはっきり聴いたのである。テレサ三六歳の時である。その後、テレサは「神の愛の宣教者教会」を設立し、本格的な救民、救らい活動に邁進していく。その献身的な活動は世界中に知られるところとなり、一九七九年にはノーベル平和賞を贈られるに至った。

美恵子もマザー・テレサのような霊的体験を「ある日本女性の手記」として綴っている。「真暗な袋小路」のような精神状態で「発狂か自殺か」と考えていた時「私の視野を、ななめ右上からさっといなずまのようなまぶしい光が横切りました」。直後、彼女は烈しい喜びに包まれ、長かった悩みの泥沼から救われる。

これは美恵子の若き日の実体験と言われている。不思議な共通点をもつマザー・テレサと美恵子は、共に主体的に道を求めて歩き続けた女性であった。

31 人生を送る材料

「あなたは充分立派な人格をつくり、
立派な人生を送るだけの材料をもっているのですよ。
ただその材料を充分使うかどうかは
あなたの心がまえにかかっているだけ」
「そうでしょうか。そんなことを言ってくれた人は先生だけです。
みんなぼくに、人間の屑だとばかりいうんです」
Iのこういうことばには感動がこもっていた。

この言葉は、美恵子四六歳頃の「ひとりごと」と題するエッセイにある。多分、美恵子が長島愛生園にある高校で教えていた際の生徒との会話と思われる。

美恵子がいかに愛情深い教師であるか、よくわかる言葉だ。「愛とは愛そうとする意志である」とも述べている。美恵子はエリート層の出身にもかかわらず、社会的弱者への関心といたわりには徹底したものがあった。

精神医学者の中井久夫は「神谷さんの医師になる動機はむしろ看護に近いと思う。この方の存在が広く人の心を打つ鍵の一つはそこにあると思う。医学は特殊技能であるが、看護、看病は人間の普遍的体験に属する。一般に弱い者、悩める者を介護し相談し支持する体験は人間の非常に深いところに根ざしている」と美恵子を分析する。

「人間の屑」とののしられて傷つく青年を見れば、心から深い同情を寄せるのが美恵子なのだ。

中井は「誤って井戸に落ちる小児をみればわれわれの心の中に咄嗟に動くものがある（中略）が、多くの者にあっては一瞬のひるみの下に萎える」と述べる。だが「病患者の呼び声」をひるむことなく聞く者として美恵子を評する。中井は多くの医者は、残念ながらそうではないと言うのだ。

32 科学と文学

自分は、科学を志す以前に文学を志していたのだから、
科学者として文学をやろうとは思わないけれど、
科学をやることによって
自分の文学がゆたかにされるであろうことは深く信じている。
そして、科学をするようになった以上、
文学をすべき理由ないし義務が一層増したように思う。

『若き日の日記』と題した美恵子が二八歳から三一歳までの日記には、医師の勉学に励みながら文学への情熱を燃やす姿が、たびたび活写されている。

この言葉は一九四二（昭和一七）年五月二四日のものである。

美恵子にとって文学は、科学を扱ったものではなく、あくまでも人間心理を扱ったものである。

「これから毎日原稿用紙一枚は書かずには過ごさぬようにしよう」と決意している。得意の語学を生かし翻訳は日常的にしていたが、「もう翻訳はやめよう」などと日記に書いている。この程度のものなら自分でも書ける、といった記述さえある。

ハンセン病患者への使命感と同様に、文学への止《や》みがたい情熱はいささかも減衰することはなかった。美恵子は東京女子医学専門学校（現・東京女子医科大学）卒業後の進路の相談もあって、太田《おおた》正雄《まさお》東大医学部教授の研究室まで訪ね、教えを受けている。太田の別の顔は詩人で文学者である。ペンネームは木下杢太《きのしたもくた》郎《ろう》といった。

美恵子は訪問後の日記に「太田先生のお体とお顔は科学と芸術にささげてもやし尽くした体の残骸のようにガタガタした感じがする」と描写し、「私もまた自分をもやしつくして、こんなガタガタになってみたい」とユーモラスに気持ちを記している。

33

文学者の生き方

「運命と絶えずすれすれに生きる人」が文学者である、
というようなことが武者小路氏の本にあった。
まことにそうだと思う。
そういう風に生きて、
それを正直に、
絶対的に正直に書き表すことは
生命をちぢめる仕事だ。

「私独特のものは、文章を通して、恐らく文学を通して現すべきではないか」「自分の中に、自分のものを生み出したい衝動がみなぎる。（中略）本気に、自分に対して責任を以て生きようとするにはどうしても書かぬ訳には行かないのだ」

ここには美恵子自身の内なる「デーモン」が書くことを求めている。美恵子、三〇歳の日記からの抜粋である。後に美恵子は『生きがいについて』を書きあげた時、自分はこの本を書くために生まれてきた、と断言している。

『生きがいについて』刊行後、美恵子が情熱を燃やしていたものにヴァージニア・ウルフの病跡研究の執筆があった。ウルフも「書くことが生きること」と繰り返し日記に書く人であった。人生の時間切れで、美恵子の意図したかたちでついにヴァージニア・ウルフの研究書は刊行されなかった。

美恵子の次男徹《とおる》の妻、永子《ながこ》によると、美恵子は加賀乙彦の『宣告』を読み、「自分にも書きたかった小説がある。それは頭の中にすべて揃っていて、あとは文字に書くだけでいいのだが、モデルが現存の施設と人物であるため障りがある」のだと言っていたそうだ。美恵子がもう少し長生きして小説を書いていたらぜひ読んでみたいと、ファンならずとも思う。

34 ヒルティの刻印

ヒルティは私のささやかな精神形成の途上において、
一生消えないであろう刻印を残している。（中略）
字引をひきひき、各ページを鉛筆で
まっくろにしながら読んだ。（中略）
ヒルティの本はきわだって実際的指針に富んでいた。
よく眠りつけないときにはりんごを一個食べよ、とか、
朝起きていちばん初めに新聞を読むなどするな、
などという小さな教えは、
大きな教えと奇妙にまじり合って思い出させる。

1935年頃、療養中の美恵子

二

三歳の頃、再発した結核治療のため、再び軽井沢の山荘で療養生活に入った美恵子は、死ぬまでに読むべき本をなるべく原語で読もうと決意した。新約聖書、プラトン、ギリシャ悲劇、マルクス・アウレリウス、ヒルティ……という具合である。英語、フランス語はお手のものだが、ドイツ語、イタリア語などは辞書を取りよせ、独習した。ヒルティの『幸福論』全三巻などはドイツ語で読んだ。後年アメリカのペンドル・ヒル学寮で過ごすことになった美恵子は、ある人物と知り合うこととなる。

その人物とはW・ゾルマンといって、かつて「共和制ドイツの父」と仰がれたズーデルマン内閣で内務大臣を務めた人だった。彼はユダヤ系のためナチスの迫害をのがれてアメリカに亡命し、ペンドル・ヒルで講師をしていた。美恵子は初めてペンドル・ヒルで夕食をとった時、ゾルマンと隣り合わせた。「日本人は優秀な国民だ」と彼が言うのを聞いて、美恵子は「私はヒルティの著作が読みたくてドイツ語を学んだ」と言った。するとゾルマンはひどく驚いた。まさかアメリカにヒルティの愛読者がいるとはという思いと、彼も若い頃からヒルティを座右の書としていたからである。

以来、美恵子はゾルマンにすっかり気に入られ、半年後の別れに際してはゾルマンから慈愛あふれる手紙を受け取った。これもヒルティの縁と言えよう。

第4章

生きる意味を求める言葉

——「ここにこそ私の仕事がある」

35 自殺について

自らの生命を断ちたいと願う心を抑えるものは何であろうか。
それはうつ病のひどい状態にあるひとのように、
その考えを実行に移すだけの
勇気や元気がないという消極的な場合もあろうし、
また肉親に与える悲しみを思って実行できない場合も多い。

美恵子は過酷な運命に翻弄された者に自殺をふみとどまらせる原動力は、運命に対する憎しみや攻撃心ではないかと考える。「なぜ自分だけがこんな目に」というときの反発心である。

それが自分に向けられれば自殺になる。持っていきようがなくなれば、「怨恨《えんこん》」にとらわれる。こういう人は、自分より運のよい人には憎悪や嫉妬の感情を抑えられない。

美恵子は「しかしこのうらみの念も、報復の念も、適当な方向とはけ口さえあたえられれば、一たび足場を失って倒れた人間を再びおきあがらせるバネの役目を果たしうる」と言う。

ニュージーランドで生まれ、後に英国に渡った女流作家キャサリン・マンスフィールドは、結核のため孤独な転地療養を余儀なくされた。治る見込みはないが、くじけない彼女の不屈の精神を、美恵子は日記を引いて紹介している。「恐ろしい苦痛もやがて衰える。私は仕事にむかわねばならぬ。(中略)『悲しみも喜びに変えらるべし』」

もう一人、二六歳でハンセン病にかかり、教職を離れ妻子と別れ、愛生園に入園して三七歳で亡くなった歌人、明石海人《あかしかいじん》の短歌も紹介しておきたい。

深海に生きる魚族のように自らが光らなければ何処《どこ》にも光はない

36
生きがい感と幸福感

生きがい感と幸福感とはどういう風にちがうのであろうか。
たしかに生きがい感は幸福感の一種で、
しかもその一ばん大きなものといえる。
けれどもこの二つを並べてみると、
そこにニュアンスの差があきらかにみとめられる。
ざっとその主なちがいを考えてみれば、
生きがい感には幸福感の場合よりも一層はっきりと
未来にむかう心の姿勢がある。

生きがい感と幸福感は、必ずしもイコールではない。美恵子はこれを明快に定義する。「生きがい感には幸福感の場合よりも一層はっきりと未来に向かう心の姿勢がある。たとえば、現在の生活を暗たんとしたものに感じても、将来に明るい希望なり目標なりがあれば、それへ向かって歩んで行く道程として現在に生きがい感が感じられる」。逆に、強い使命感をもつ人の場合、生活の幸福感が自己の使命感を鈍らせると感じれば、心の深いところでそれを苦痛に感じてしまうこともある。上流階級の娘として育った近代看護の祖、フローレンス・ナイチンゲールはその例である。

美恵子は、もう一つ、生きがい感と幸福感との違いを「生きがい感のほうが自我の中心にせまっている」と指摘する。たとえば多くの男にとって、家庭生活の幸福は自我の一部であって、どんなに苦労の多い仕事でも、これは自分でなければできない仕事と感じるだけで生きがいを覚える。美恵子自身、学齢期の男の子を育て、傍《はた》からは典型的な幸福な家庭婦人とみられていた頃の日記に、こんなことを書いている。

「ふつうの奥さんらしく——あるいはせいぜい『語学のできる奥さん』らしくふるまっているだけだから。ほんとの私はなんとふくざつな恐ろしい存在だろう。それを知っている人は殆《ほとん》どいない」。自分の仕事に停滞感を感じていた頃の本心である。

37 人間の欲望

人間がさまざまの欲求、
あるいは欲望を追求するのは自然なことであるとしても、
欲望の種類によっては自分にとっても、
他人にとっても有害なものがあることは、いうまでもない。
「有害」ということばを
「不幸」ということばにおきかえてみてもよい。

欲望自体は善でも悪でもない。それは健康のしるしでもある。美恵子は統合失調症の患者を見ればそれが分かると言う。彼らは原始的な欲望から「高等な」欲望まで減退してしまうことが多い。厄介なのは「拒食」で、「食べものに毒が入っている」とか『食べたら殺すぞ！』と言う声が聞こえたから食べない」と言う人もいる。

欲望には名誉欲や権力欲、金銭欲、それに性欲もある。美恵子が実施したアンケートで、欲望について鋭く自己分析した四二歳の主婦がいた。彼女は起業して成功を収めている。ところが生きがいが失われかかっている。

「収入あるしごとをしていても一生懸命になれない。欲望にはきりがないからだ。恋をすることにもあきた。名誉権力には男ほど興味はない。新鮮なおどろきのある目標が欲しいくせに、できぬと思うから、生きがいがない」

決してぜいたくな悩みとは言えまい。美恵子は欲望追求に人生の目的をおくと、欲望を達成しても「慣れ」とともに次第にすり切れると指摘する。美恵子はノーベル生理学医学賞受賞者で生物化学者のセント＝ジェルジ博士が語った言葉を紹介している。

「大いなるよろこびは研究そのものにあるのです。結果にはありません。希望にみちて旅していること、そのことのほうが目的地に到達することよりもいいのです」

38 生きがいを求めて

生きがいをうしなったひとは、
時間の上ではじき出されているだけでなく
空間のひろがりの中でも疎外されている。
今までそこにはまりこんで暮していた世界から
急に「無用者」、「アウトサイダー」「疎外者」として
おし出されてしまったのである。
あるいは自分から出て行くのである。

「人生のむなしさをさとり、世をはかなんで出家するひとは、昔からどの文化圏にもみられた」と、美恵子も言うとおり、日本も「源氏物語」の時代から世を捨てる伝統は認められていた。

鳥羽院に北面の武士として仕え、二三歳で出家した西行などはその代表格であろう。出家の理由は親しい友の死とも失恋とも言われるが、心のおもむくまま漂泊し諸処に庵《いおり》を結んで歌を詠んだ。

自分から世を捨てる場合もあれば、病気などの理由でやむをえず共同体から去らねばならない人もいる。美恵子は愛生園に入園して来た人たちの声を紹介する。

「墓場に来たのだと思った」「島流しにされたと思った」「無期刑務所入りの気持ち」「べつの暗い、暗い世界へはいって行く気がした」

これらは療養所に対する先入観も作用していて、入所してみれば同病の気やすさと、激励もあって、積極的な生きがいを見出す人も多かった。初代園長は前任地の多磨全生園から何人か選りすぐりの患者を連れてきて、愛生園の環境整備や人間関係の構築に尽力してもらった。美恵子が話してみると、彼らは一つの社会を築いたことに並々ならぬ自負と誇りをもっていた。一度ははじき出された世界に、新しい世界を築いたのである。

39

使命感に生きる

どういうひとが一ばん生きがいを
感じる人種であろうか。
自己の生存目標をはっきりと自覚し、
自分の生きている必要を確信し、
その目標にむかって
全力をそそいで歩いているひと――
いいかえれば
使命感に生きるひとではないであろうか

1959年、瀬戸内海を臨む、長島愛生園近くの海岸にて

こういう使命感の持ち主は、市井《しせい》にも人目につかずいるものだ。犯罪者の更生に尽力する保護司、あるいはひきこもりの相談に無償で乗るカウンセラー、きっとあなたの周囲にも一人二人思い当たる人がいるはずだ。美恵子はそういう人以外に、偉人の一見とっぴに見える行動を検討することで、「平凡な使命感の構造」を明らかにしようと試みた。ここではアルベルト・シュバイツァーの例を紹介しよう。

シュバイツァーは、ドイツ（当時）のアルザス地方で裕福な牧師の子として生まれた。子どもの頃、ケンカ相手を組み伏せたところ、「俺だってお前みたいに毎日肉入りスープを飲んでいれば負けないぞ」と言われ、「なぜ自分だけ他の子どもと違って恵まれた生活をしているのか」と悩むようになった。彼は哲学や音楽に秀でた才能を示し、周囲の期待も大きかったが、二一歳の時翻然と「三〇歳までは学問と芸術のために生きるが、それ以降は人類への直接奉仕に生きよう」と決意し、医学を学ぶ。

その後はアフリカのガボンにわたり、医療と平和活動に人生を捧げた。シュバイツァー自身、その献身を「白人の黒人に対する道徳的責任」と語るが、美恵子はそれは後付けで、彼の若き日の「自分との約束」を果たす使命感が大きかったはずだと推測している。

40 目標への道程

人間はべつに誰からたのまれなくても、
いわば自分の好きで、いろいろ目標を立てるが、
ほんとうをいうと、
その目標が到達されるかどうかは
真の問題ではないのではないか。
ただそういう生《せい》の構造の中で歩いていること
そのことが必要なのではないだろうか。

1966年、長島愛生園で患者を診療する美恵子（朝日新聞社撮影）

冒険家の伝記などを読むと、一つの目標を達成すると、また新たな目標を立ててチャレンジしていることが多い。肉体労働をして資金を貯めては、苦しい冒険の旅に向かう。終わりがないのである。終わりがあるとすれば、自分の肉体の死しかないのではないかというくらい、無限の彼方の目標に突き進む。

美恵子は次のようなことを言っている。

「ひとは自分が何かにむかって前進していると感じられるときにのみ、その努力や苦しみをも目標への道程として、生命の発展の感じとしてうけとめるのである」

美恵子は愛生園の、ある青年の例を取り上げている。彼は久しく心臓神経症に悩んでいたが、園内の気象観測所に勤めてみたところ、この仕事が性に合っていたのか、みるみる元気になった。生きるはりも生まれた。ところが年金制度が整備され、青年は肢体不自由もあって年金を受けることとなり、ついては規則上、園内の作業を辞めざるを得なくなった。すると、以前の神経症がぶり返すようになってしまったのである。

冒険にしろ仕事にしろ、人を駆り立てるものはお金でも名誉でも暇つぶしでもなく「無償の、無目的のよろこび」ではないだろうか。また、美恵子は「苦労して得たものほど大きな生きがい感をもたらす、ということは、一つの公理ともいえる」と語る。

41 自己のアイデンティティの確立

思春期の課題は自己のアイデンティティを確立することにあり、これに失敗すると「アイデンティティの混乱」または「役割の混乱」に陥る、とエリクソンが考えたことはよく知られている。（中略）

思春期において人間は自分のからだところ、そして自分のおかれている歴史的、社会的環境との統合の中から、「自分は何ものであるか、自分はどこにどう立ち、これからどういう役割と目標にむかって歩いて行こうとするのか」をみきわめなくてはならない。

美恵子も若い頃は、自己のアイデンティティの確立に大変苦労した。というのも、津田英学塾時代の美恵子は、無教会主義の伝道者である叔父の影響もあって「この世は涙の谷である」というペシミスティックな思考にかなり支配されていた。

多磨全生園の訪問でハンセン病患者のために医師か看護師になって働きたいという気持ちが湧き立ったが、家族や周囲には受け入れられなかった。そのため「この世でいかに生きていくべきか」という問題に対して「途方に暮れてしまった」のである。

美恵子自身、その理由を二つほど告白している。

一つは、美恵子の感じるところでは、両親の関係が円満と言える状態ではなかった。その上、叔父が常々、美恵子の父母は世俗的すぎると批判していたことも、当時の純粋な美恵子に影響を与えた。

二つ目は美恵子が当時心酔していた、藤井武《ふじいたけし》という内村鑑三《うちむらかんぞう》の弟子にあたる人物の説く、先鋭的な禁欲主義である。たとえば「恋愛は肉欲をふくんだ現世的なものであるから神によみ（祝福）せられるものではない」といった考え方である。

美恵子のアイデンティティの完全なる確立は、のちに美恵子がアメリカに留学中、父から医学部進学の許しが出る時まで待たねばならなかった、と言えよう。

42
時間の効能

時間というものは人間の心の思い如何《いかん》にかかわりなく、
人間の内側のありかたを変えて行く。
たえがたい苦しみ、悲しみ、病、老、死をも
時間がのりこえやすくしてくれる。
からだの傷は時の経過だけで、自然に瘢痕《はんこん》化し、
組織が再生されて行く。

自殺未遂者の大多数が、命をとりとめた後では「死ななくてよかった」と言うそうである。その理由として「心がまえが変わった」と理由を述べている。美恵子は、こんな調査と共に、女流作家パール・バックの話も紹介している。

パール・バックは一九三八年に『大地』でノーベル文学賞を受賞している。美恵子は渡米した際に、施設で四十代になっていた一人娘のキャロルと会っている。文学的栄光に包まれたパール・バックも、最初の夫との間に設けた娘が重度の知的障害をもって生まれたことを知った時は衝撃を受けた。彼女はその時の心境を、こう書いている。

「彼女が何年たっても子供から成長しない。知能がそれ以上発育しないだろうということを知ったとき、私の胸をついて出た叫びは、『どうして私はこんな目に遭わなくてはならないのだろう』という、避けることのできない悲しみを前にして、すべての人びとが昔から幾度となく口にして来たあの叫び声、そうです、あの叫び声でした」

だが、パール・バックは娘がこの世に存在する意味をつきつめて考えたとき、自分のやるべきことを発見して、心の統一と落ち着きを得ていく。最初は嘆き悲しむばかりだった彼女も、時と共にそれを受け入れ、障害者施設や知的障害者の研究のため多くの寄付をし、六人の養子を育てたのである。

43 生きがいと孤独

生きがいをうしなったひとは、みな一様に孤独になる。

つまりこういうひとは人生の明るい大通りからはね出され、それまでそこにはまりこんで暮らしていた平和な世界は急に自分から遠のいてしまい、皆のにぎやかな、忙しそうな生活は自分と何の関係もなくなり、自分はまったく仲間外れとなる。

もはや社会にも家庭にも、自分のはいりこみうる隙間もない。

「この国民にして　この政府あり」という名言で有名なイギリスの歴史家トーマス・カーライルは、自己の生きがい喪失時の様子を次のように表現している。

「魔法のような、眼には見えないが、不透明性の壁が私をすべて生けるものから分けへだてていた。……私のまわりの男や女は、たとえ私と話していても、単なる映像にすぎなかった」

美恵子は精神的な打撃などで、急激な生きがい喪失の状態に陥った人が、みな驚くほどカーライルのような症状を呈することを指摘している。たとえばハンセン病が不治の病とされていた頃、病気を告知された人はほとんどパニック状態に陥る。ひどい場合は「世界没落感、幻覚、幻想などが発生しうる」という。つまりそれまでの価値体系の足場が崩れ、何のために生きていくか、その基準がわからなくなるのだ。

「しかしこのひとたちもやがて療養所にはいれば同病者同士の社会をそこに見いだして、第二の社会への所属感をうるに至る」。むしろ孤独と疎外感は、世間に病気を隠して外来治療に通っている人たちに多く見られた（一九五七年の調査による）。

美恵子によると、この誰からも、何からも必要とされていない実存的不安感は、サルトルの小説『嘔吐』に見事に描かれている、とのことである。

44 肉体と精神

すべての生きがいをうしなったひとの意識において、
心と体とはばらばらになる傾向がある。
どのような原因からにせよ、
自分の生きる意味をみうしなったひとは、
生きて行きたくないひとである。
それにも拘わらず生きて行かねばならないのは、
肉体が精神の状況とは無関係に生きて行くからである。

足指が欠損してうまく草履がはけないハンセン病患者は「肉体に侮辱《ぶじょく》されている気がする」と言う。また、最愛の人が亡くなって悲嘆のどん底にあっても、食物を欲する自分を悲しむのが人間である。こう考えると生きがい喪失という危機を乗り越えさせるものは精神でなく肉体かもしれない、と美恵子は言う。

美恵子はある「重複障害者」を一九七〇（昭和四五）年四月の大阪朝日新聞で紹介している。その女性はちょっとした事故で、視覚と聴覚を失っていた。「狂いまわる野獣のように」苦悩した彼女の唯一の願いは、盲学校か福祉施設に入ることだった。

十数カ所に交渉するものの、重複障害者は手がかかるからという理由で、すべて門前払いであった。しかし、一二年後にある盲学校が入学を許可した。彼女の喜びは、たとえようもなかった。なぜなら、第二の人生の鍵をつかんだからだ。その後、彼女は鍼《しん》灸《きゅう》の専門家として独り立ちして「自力で母子ふたりの生計を維持」している。

美恵子はこう考える。この女性のように視力や聴力が奪われても、肢体不自由にみまわれても古い脳は立派に働いている。その生命力を、英語の古い言葉なら「動物的生気（アニマルスピリット）」と呼んでもよい。肉体にはどんな精神的危機にも生き抜く力が備わっている。「動物的生気」に支えられてこそ精神性もいきいきと発揮できる、と。

45

生存充実感

活動性にとんだひとは、（中略）
たえずとびまわっていることが、
平常の「生存感」になっているから、
ちょっとでも活動をやめると自己の生を空虚に感じてしまう。
それでもますます一瞬の隙もないように、
活動へと自らを駆りたてることになる。
これに反して、こまやかな感受性をもったひとは、
しずかなくらしのささやかな事柄のなかに生存充実感を求め、
感度の高い受信機のように、
ふつうのひとには見のがされてしまうようなところから
これをつかまえてくる。

1963年、自宅で執筆中の美恵子

本当に忙しい人間にかぎって、その忙しさを周囲に感じさせない人がいる。さしずめ美恵子もそういうタイプである。『生きがいについて』が出版されてすぐの頃、美恵子は家の近くで買い物をしていた時、近所の婦人とばったり出会った。すると、その婦人は、本の広告を見て、早速購入したと声をかけてきた。「奥さんは平生のんびりしていらっしゃるようにみえるから、あんなえらい事をする方とは思わなかった」。よほど自分はのんびりしているように見えるらしいと、美恵子は日記に書いている。美恵子はある意味こまねずみのように働き、家事を切り盛りしてきたが、繊細な感受性はすり切れなかった。美恵子は、静かな暮らしのささやかな「生存充実感」の例として、ある中学校の生物教師の話を紹介している。

四国の殿様であった松平家の屋敷跡に建てられた中学校の荒れた庭に、ある休日、インドハマユウを何本か植えていった人がいた。「ここが松平家のお屋敷だった頃、お庭から頂いたものなので返しに来ました」と、用務員に話した。それが年々、白い花を咲かせるようになった。「いつもこの白い花を見ている者ですが写真を撮らせて下さい」と願い出る青年もいた。教師は、彼ら名も知らない縁を心から喜び、文章に書く。ここに小さいが確かな「生存充実感」があると、美恵子は報告するのである。

46

自由を得る道

自由を得る道は、
決して現在の束縛から逃げ出す事ではない。
そこにふみとどまり、
あらんかぎりの智慧と力をしぼって努力し、
束縛を束縛でなくしてしまう事だ。
束縛を手なずけて、踏み台としてしまう事だ。
私は毎日をかしこくかしこく生きて
何とかしてあまりモーロクする以前に
目的を達せねばならない。

1953年頃、律と徹と共に

一九五四（昭和二九）年、美恵子四〇歳の日記である。神戸女学院大学の助教授になった年である。なりたくてなったわけではない。精神医学の勉強がしたくてたまらないのに、家計のためどうしても教師を続けねばならないいら立ちがある。「毎日英文直しをしているといらいらして自殺をしたくなる」「いつまで語学の先生をしなくてはならないのか。語学よ、汝は私の呪だ」とまで日記に書いている。教師専任の責任と、家庭と精神医学。この三つの間で、美恵子の心は日々揺れ動く。

お金と地位――こんなものをかなぐり捨てられたら、と当時の状況からできもしないことを考えては、出口のない袋小路に迷い込む。

しかし、美恵子がこう書いた二日後。一家は芦屋川上流を散策し、カラスウリの実をたくさん取り、ミズスマシ、カニを見つけ、清流の流れに足を浸している。夫の宣郎《のぶろう》は飄然《ひょうぜん》と崖の上を散策。これを見ながら、美恵子は一番の「幸福」を感じる。

美恵子は朝、宣郎の論文直しの手伝いをし、息子の昆虫標本の整理を手伝う。平凡な妻として母としての行為に、喜びを感じる。

そんな自分を発見して、美恵子は「目的のみあせらず道程を楽しむ事」と、自分を納得させる。それこそが「毎日をかしこくかしこく」生きていく道なのだと。

47

読書に助けられて

ひとりの人間が考え出せる「自分のための工夫」には
そう変わりはないものなのだろう。
どの時期にも私にとって主な助けとなり得たのは
読書と、それに伴うめい想か祈りみたいなものだ。
フランス語で愛読書のことを
リーヴル・ド・シュヴェ（まくらもとの本）という。
ここ一、二年、私のまくらもとには
また「愛読書」がずらりと並ぶようになった。

1975年、宝塚の自宅にて

晩年の美恵子は、昼間は専門書や関連の雑誌を読んだが、夜は学問とまったく関係のないものを読んだ。若い頃から親しんだ詩や哲学書、宗教書、随筆などのほか、新しいものが加わっていくのが楽しかったようだ。

『若き日の日記』には、彼女の読書量を示すようにさまざまな書名が出てくる。一九四五（昭和二〇）年の一月二五日の日記には「早稲田の方へひやかしに行って本を三冊ほど買ってきた」とある。その後は勉強部屋にこもってヘフディングのニーチェ論を読み、ルノアールのリボー評を読んで、W・シュテルンの著作にとりかかっている。

作家の加賀《かが》乙彦《おとひこ》が二〇〇三年に津田塾大学で「神谷美恵子さんの思い出」と題して講演している。加賀が『フランドルの冬』という処女作を出版した時、初版三〇〇〇部で全く売れなかった。しばらくして、ようやく書評が出た。神谷美恵子だった。加賀がフランス語で発表した死刑囚に関する論文まで読んでいた。これには加賀も驚かされた。その上、「大変面白い小説だが、神父だけよく書けていない。この著者は神とキリストについてあまり関心がないらしい」と、加賀がこの作品の弱点とひそかに気にしていた点に鋭く触れていた。大変な人に読まれてしまったと、びっくりしたそうである。このエピソードだけでも、美恵子の読書量が半端でなかったことがわかろう。

第5章

愛の真実に生きる言葉

――「生まれて初めて現実の恋を知った」

48 一彦の死

私は思わず両手で顔を覆い、道のまん中にへたへたとしゃがみこんだ。
底知れぬ闇の中に無限に転落していく。
彼は逝き、それとともに私も今まで生きてきたこの生命を失った。
もう決して、決して、人生は私にとって
再びもとのとおりにはかえらないであろう。
ああ、これから私はどういう風に、
何のために生きて行ったらよいのであろうか。

「将来を共にするはずであった青年に死なれた娘の手記」と『生きがいについて』の中で、美恵子が紹介した文章の一節である。

「ガラガラガラ。突然恐ろしい音を立てて大地は足もとからくずれ落ち、重い空がその中にめり込んだ」と、青年の死を知った瞬間の娘の生々しい描写もある。

これは、野村一彦の死を知った美恵子の生きがい喪失体験を、ある娘の手記として綴ったものである。一九三九（昭和一四）年一月二八日の日記には、こうある。

「五年前の今日のあの天地ががらがら崩れ落ちるような感じが日に何度もよみがえって胸をしめつけた」。この強烈な喪失体験からほどなく美恵子は多磨全生園を訪れて、ハンセン病患者のために一生を捧げたいと願ったことから、美恵子を実際によく知る評論家の鶴見《つるみ》俊輔《しゅんすけ》や太田《おおた》雄三《ゆうぞう》元マギル大学（カナダ）教授は、動機として恋人の死との因果関係を示唆している。鶴見は「神話的時間」という講演で、次のように語った。

「その内に医者になって癩《らい》の治療に一生を捧げたいと思うようになった。（中略）美恵子さんは婚約者をなくし、自分の人生に絶望したんですね」

「婚約者」というのは誤りだが、一彦の死は美恵子の人生を左右するほど大きなものであった。

49

生きているのが苦しいとき……

――「生きているのが苦しいときあなたどうするの？」――

どうもこの独語を私は家庭に入ってからしばしば言うらしい。

(しかしこの頃は言わないようだ)

独りになるとそう言っている自分に

はっと気がつくことがある。

そのイミを今日はじめてよく考えてみた。

結婚生活の幸福の只中でこういう独語が無イシキから出てくる私――

どうしてこのような言葉を、美恵子は日記に書きつけているのだろうか。それも一九六〇年、美恵子四六歳、大阪大学から医学博士の学位を授与され、公私共に充実している時である。野村一彦の喪失体験がトラウマのようによみがえってくるのであろうか。

「生命のしん棒が折れてしまうようなあゝいう経験をもった人間が、普通の人間と同じような生活をして行けるものだろうか。一体私に結婚はおろか、この社会で暮して行く資格があるのだろうか――またしてもこう思う」

太田雄三元マギル大学教授は、野村一彦の死後一〇年経った一九四四年一月の美恵子の日記を引用して、「神谷は彼女の生きがい喪失体験によって一度は強烈に現世からはじき出されてしまった人間である」と規定している。そこから現世の方向にゆっくりゆっくり戻ってきた美恵子は、その後半生においても「一種の亡霊のような」一面があったのではないか。太田は美恵子のきわめてユニークな感性に、驚きと感動を覚える。

「交際したこともなく、恋人同士として会ったこともおそらく一度もなかった『恋人』の死にあれほどの痛手を受けその影を何十年も引きずって行くという女性が外《ほか》にたくさんいるとは、私には思えないのである」。まさに同感である。

50 死の破壊的なイミ

3～4年間のplatonicというよりも全く観念的な
――互いに愛をイシキしてからは全然会いもしなかったのだから――
愛のあげくの死。
それが私にとってかくもdevastating［破壊的］なイミを持ったということ、
いまだその跡がれき然と私という人間の構成と歩みの中に
残っているという事は驚くべき事ではないか。

前節の日記の約一カ月前の日記である。すでに野村一彦の死から二五年を過ぎている。美恵子はなぜ淡い恋に終わった一彦とのことにかくまでとらわれたのか。自分自身驚くばかりの様子がうかがえる。

一彦は美恵子の兄陽一の誕生祝いに前田家を訪問して、美恵子に出会い好意を抱いた。一彦の日記には「その後2、3日かなりひどく煩悶したけれど、結極（原文ママ）、僕には許され難い事だし又外《ほか》に美恵ちゃんを愛して居る人もあるからと思って諦めてしまった」とある。一彦一五歳、美恵子一四歳の頃である。その後彼は結核にかかり、一九三〇年には一度快癒している。ろくに「話さへした事のない」美恵子を思うことで、一彦は生きる目的にする。そんな一彦の気持ちにブレーキをかけたのは、美恵子の母房子であった。極端な結核嫌いであった房子は、陽一の話から一彦と美恵子が互いに好意を持っていることを知って行動に出る。一彦に直接的な行動をしないことを約束させ、また美恵子にも因果を含めたようである。

そんな経緯もあって、美恵子は一彦の突然の死と、半年後に読んだ一彦の日記で彼の純粋な恋愛感情を知るに至って、ある種の負い目のような、どうしようもない後悔の念がいつまでも心を占めることとなったのだろう。

51 買いかぶられる私

何と理屈をつけて見ても、人に買いかぶられる私、
神様扱いされる私が嫌いだ。
私自身自分を何か特別な偉いものに思っている気持ちが
どこかにひそんでいる証拠のような気がして空恐ろしく、
胸がむかむかする。
ただ単純な愛情、好感ならいいのだけれど、
どうして私はこう男の人からも女の人からも
熱情的に、独占的に、絶対的に愛されてしまうのだろう。

愛の反意語は「憎しみ」ではなく「無関心」だという。それにしても美恵子のこの苦悩は、簡単に持てる者の悩みとは言えない。他者の過剰な愛情を、三〇歳の美恵子は受け止めかねている。

美恵子に好意と尊崇の念を抱く若い医局員たちのみならず、この数年来、彼女に精神的に依存する、前出のY子の存在があった。統合失調症を患うY子は美恵子のことばかり考えて暮らしている、といってもいい。美恵子はY子のことを、日記にこう書く。

「私のような人間にあんなに執着しなければ生きていられないかと思うと可哀そうであり罪深くも感じる」

このような状況で美恵子は決して、相手に非を求めない。そればかりか、自分自身に原因を求める。「人をあざむき、化かし、翻弄してしまう私！　私が完全にほんとうでないからだ。裸でないからだ」。自罰傾向のある美恵子だが、それだけでは自分を到底納得させることはできない。ついには神にまで祈り、救いを求める。

「人知れず愛を行い得るような、いな行うのではなくただ存在するだけで周囲に愛と光を放つようなそんな何気ない素朴な人間たらしめて下さいませ！」

美恵子が愛した宮沢賢治が、そこにいるかのような荘厳《そうごん》な心の叫びである。

52 私の裡《うち》なる妖婦

私の裡《うち》なるＶａｍｐ（妖婦）を分析したら面白いだろうと思う。
それは随分いろんな事を説明するだろう。
みんなを化かす能力、みんなを陶酔させ、私を女神のようにかつがしめる
あの妖しい魔力にどれほどＥｒｏｓの力があづかっているかもしれない。
それを思うとげっそりする。
私の真の自我など何の関係もないのではないかという気がする。

終

戦前後の美恵子の周囲には、若い医局員で彼女を崇拝する者もいれば、恋文を送りつけるなど明らかに強い恋愛感情をもつ者などもいて、彼女を困惑させた。

一九四五(昭和二〇)年五月の空襲で家を焼失した美恵子は、家族が軽井沢に疎開するのに同行せず、内村教授の許可を得て、東大の医局に泊まり込んでいた。まさに「二四時間当直」の状態である。医局唯一の女性で、美貌で独身とくれば否が応でも若い医局員のたまり場になる。そんな中、美恵子は自分の中の女を冷静に見つめている。

「蜘蛛のような私、あやしい魅力と毒とを持つ私が恐ろしい」(昭和二〇年八月八日)

「私は才能と少しばかりの容姿—少なくとも母はこの点をつねに強調する—の為に人から甘やかされ、損なわれた女だ。心は傲慢でわがままで冷酷である。そうして男をもてあそんでは投げすてる事ばかりくりかへしている」(昭和二〇年一一月三〇日)

この記述を鵜呑みにはできないが、自省的な美恵子であれば、誰に見せるつもりもない日記にこう書いたとて不思議ではない。

交際を断わっても美恵子に執着して、ストーカーと化したある医局員とのことは、医局中に知れ渡り、美恵子もほとほと疲れ切ってしまい、医局長の計らいでこれが解決するまで医局を休むという小事件さえあった。その頃の自己分析である。

53
生まれて初めての現実の恋

生まれて初めて
私は現実の恋を知ったように思う。
生まれて初めて私は一人の男性に向って
愛を乞いたいような気持になっている
自分を発見する。

「ぼくはあなたを生きているかぎりつきまとう」という若い医局員に悩まされ、医局の大先輩西丸四方《にしまるしほう》からは「あなたのような人は結局、男の人の中ではやっていけないかもしれない」と言われ、美恵子は深い霧の中にさまよう。

精神的に八方ふさがりにあった美恵子に、それからまもなく思いがけない光が差し込む。すでに次妹の勢喜子《せきこ》はソニー創業者の井深大《いぶかまさる》と結婚して子まで成《な》していた。美恵子のことを心配した母が、かねて面識のある神谷宣郎との見合い話を打診したのだ。

宣郎は、アメリカ時代に美恵子の親友の浦口真左と一緒に、生物学者として研究していたので、美恵子も会ったことがある。その上、美恵子は二人は結婚したらいいのではと考え、父多門もそれとなく宣郎に話を持ちかけたことさえあった。だがその話は宣郎にその気がなく沙汰止《さたや》みになっていた。

美恵子は一九四二（昭和一七）年に、日本に帰国した宣郎の招待で両親と共に一緒に学士会館へ行ったことさえあった。しかし、美恵子は浦口のことがあるなしにかかわらず、宣郎を自分の結婚の対象として考えたことは全くなかった。

それが急転直下、美恵子の心に劇的な変化を、右の言葉のような恋情を巻き起こすのである。その経緯は、次節に譲ろう。

54
宣郎との愛

男と女の愛と言うもののふしぎさ。
全く未知の世界にさまよい出てただただ驚き、
恥じ入り(自分に対して)、
そしてしびれるような喜悦に身をおののかせている。
男の人の愛に対してもう拒まなくていい、
と言うことは何という夢のようなことであろう。

医局員との件で自分にも嫌気のさしていた美恵子に、宣郎との話は天の啓示《けいじ》に近いものだったのかもしれない。「魔除《まよ》け」のための便宜結婚は相手に失礼だし、自分を裏切ることと考えていた美恵子だが、この話は拒まなかった。

早速、母房子は宣郎を訪ね、その意思を問うと、宣郎から「交際させていただければ光栄に存じます」との返事を得た。

すると不思議なもので美恵子も自分の結婚相手として宣郎を見直すと、かねてから親愛と尊敬の情をもっていたことに気づいた。さらに「あの灼《や》けるような恋情を感じないところが私に一種の安心を与える」と分析している。

ところがその一〇日後の英文の日記には神に「どうか心の底の底からの望みを取り去らないで下さい」と、宣郎との破局を恐れる心情を吐露している。まさに宣郎の出現は絶好のタイミングだったとしか思えない。そして二人は数カ月の交際を経て確かな愛を確認するのである。その時の美恵子は、「誰がこんな事を予想し得ただろうか」と美恵子自身が驚くほどの愛に包まれるのである。

無意識のうちに男をひきつけてしまう自分に恐ろしさを覚えることもあった美恵子だが、宣郎との愛がその呪縛から解放する。その喜びが、右の言葉にあふれている。

55 結婚

結婚する以上は、
まず第一に奉仕すべきは夫であり子供である。
殊に次の世代のため子孫のため、
という事は厳かな義務と責任である事を痛感する。
自分の身一つをどうにでもしてよかった時代は
もうこれで終るのだ。（中略）
Ｎとの結婚は全く大きな恩恵である事を
はっきり見定めることが出来た。
彼との結婚はｃｈａｏｓ《混沌》なる私に
秩序と統一とを与えてくれるだろう。

１９４６年、神谷宣郎と結婚

美恵子は宣郎との結婚が決まった頃の心境を「ああ、彼をどんなに愛し尊敬することだろう」と書いている。さらに両親との弾むような会話も書き記している。

私「枯れ木に花が咲くということもあると言う事がこれで分かった」

母「枯れ木じゃないわよ、まだ……」

父「ただ冬籠りしてたって言う訳さ」

この少し前、父の友人で仲人役の田島道治《たじまみちじ》（後の宮内庁長官）が美恵子を心配して家に訪ねてきた。宣郎のことを聞きながら、田島は美恵子にアドバイスすると同時に激励した。

「あなたはどうも天から普通よりは沢山のものを与えられている。（中略）それだけに普通よりも多くのものを成しとげる使命がある訳だ。で私としてはあなたに処女作だけでいいから何かあなた独特のものを一つ作りあげて欲しいと思う、一つだけでいいからね」と、今から思えば予言めいた期待を述べるのだった。

美恵子も宣郎との結婚の期待に有頂天になる一方、「私の自我というものは夫と子供のうちに吸収されてしまうのか。（中略）しかし結婚しても個性と創造力を失わぬ人もあるのではないか。私の個性と生命力は結婚にも耐えるだけ強烈だった筈ではないか」と自問自答するのだ。ここが、美恵子の並みでないところかもしれない。

56 現実との対決

理想を語り、夢みるのもいいが、
結婚は恋愛とちがい、現実との対決であり、
かなり平凡な日常生活のつみかさねというきびしい面がある。（中略）
愛というものが現実というテストでためされるわけである。
他人の目にどうみえようとも、夫婦は互いの存在のために、
おのおの多少とも身をけずることが要求される。

一九四六（昭和二一）年七月、美恵子は宣郎と結婚した。この当時は全くないないづくしで、新居も結婚式の三日前まで決まらなかった。二人とも空襲で実家は焼けており、ようやく見つけた家も四畳半一間の離れで、水も出なかった。

宣郎の学位論文を美恵子は英文タイプで清書しながら家計の足しに官庁や日本育英会から請け負った和文英訳をした。美恵子はすぐに長男律《りつ》を身ごもったため、東大へは週に何回か通っていたものの、研究どころではなくなっていった。

そんな頃、美恵子がＧＨＱと文部省の通訳を務めていたことが知られると、ジャーナリズムから注目された。美恵子はラジオや新聞にひっぱりだされて恥ずかしく思っていたところ、ある新聞社が憲法学の大家と新憲法について対談しないかと依頼してきた。とてもその任にあらずと固辞しても、新聞記者はあきらめず執拗に食い下がる。そこで美恵子は宣郎に相談すると、彼はただならぬ表情をして美恵子を諭《さと》した。

「いったい、どういう気なのか。ただ有名女史になりたいのか。ほんとうに勉強したいのなら、こんなに関係のないあれこれにひっぱられていい気になるものではない」

美恵子にとっては、こうはっきり自覚させてくれた夫がいたことは、その後の研究と生き方にとって何よりもありがたいことであった。

57

夫婦のきずな

もし夫婦ともそれぞれしごとを持ち、
それゆえになおいっそう
「同志的」に助け合えるならば
二人のきずなは新鮮なものでありつづける。

結婚当初の美恵子は、研究パートナーとして夫を手助けをしたいという気持ちもあったようである。

結婚前、田島道治が訪ねてきた際の会話にもそんな気分が出ている。

田島「どうです、お二人の研究に一致点が見出せますか」

美恵子「さあ、医学と植物学は大分違いますけれど、私にはあの人の研究上の抱負や意図は充分理解できるつもりですし、(中略)出来る限り助けたいと思っております」

田島「そりゃいい、私はね、将来あなたが共同研究というような処で満足されるのではないかと思いますよ。これも予言ですがね」

この田島の予言は外れるが、一時美恵子が本気で夫の研究の手助けをしようと植物学を学び研究を手伝ったことは事実である。美恵子本人によると、あまりに自分は不器用だったので、かえって夫に迷惑がかかると思いあきらめたそうである。あくまで推測だが、美恵子の頭にはサンプルとしてキュリー夫妻があったのではなかろうか。

しかし、美恵子の献身は、後年実を結ぶことになる。まだまだ子どもにも手がかかり経済的なゆとりも充分ではなかったが、夫のほうから長島愛生園行きを勧められる。これが美恵子本人の研究上の大きな転換点となるのである。

58

夫婦のかたち

Nは昨日上京した。
二人は仲がいいのに——あるいは
仲がいいからかえってそうなのか——
彼と離れると私は時間的にはもちろん精神的にも
ほんとうにゆっくりとなる。
そして自分の考えを
よく考えられるような気がする。
主婦、ことに母親が真に精神的に
独立の人格になりにくいのはいつも家族の者と
密着しすぎているからではないか。

1962年、六甲山にて。この頃は家族でよくハイキングを楽しんだ

五〇歳を過ぎた美恵子は、ある時Nこと宣郎にこう話しかけた。

「いまに野上弥生子《のがみやえこ》さんのように山にこもってしまってもいい？」

「六〇になったら（中略）互いに義務も責任もない事にしようか」

「あなたは比えい山、私は高野山にこもったらおもしろいわね。二人でべつべつの山のてっぺんにいるなんて」

美恵子が突然、宣郎に問い、宣郎が飄々《ひょうひょう》と答える。理解ある夫であるとはいえ、止《や》み難《がた》い文学的営為をさらに追求したかったのである。病状けわしい最晩年、東京女子医専時代の学友への手紙に、美恵子はこう書いている。

「現在が最も幸福かもしれない。憂世《うきよ》のしがらみから全部解放されて、読みたい時に読み書きたい時に書きたいものを書いて居られるなんて、何と素晴らしいことだと思わない？」

美恵子は決して夫や家庭をおろそかにしたつもりはないが、それ以上に彼女を強迫的に追い詰めたものは文学のデーモンだったのだろうか。夫婦のかたちはいろいろある。結婚以来、美恵子の活動すべてを温かく見守ってきた夫であれ、思い及ばぬ夫婦のかたちがあるのであろうか。

第6章

生きがいを育てる言葉

——「人間の存在価値は、人格にあり、精神にある」

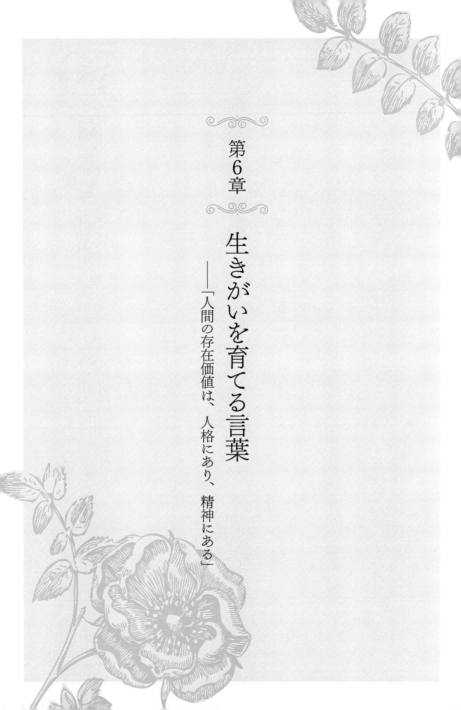

59 肉体と精神の独立の価値

人間の存在の価値というものは、
人格にあり、精神にある、と
もしひとがはっきりと考えるならば、
自己の肉体の状況がどうであろうと、
これにかかわりなく自己の精神の独立の価値をみとめていいはずである。
病患者が自己の存在に誇りをもち、自尊心を維持し、
積極的な生きがいを感じようとするならば、この道しかないであろう。

人は難病にかかった時ほど、精神と肉体の分離を意識するようだ。ハンセン病になった患者は、容貌も変化し、靴を履くことすら簡単ではなくなるからだ。喜怒哀楽さえ十分に表せなくなる自分の顔貌《がんぼう》を、受け入れなければならない。患者たちは長い時間をかけて、変容していく肉体と融和して暮らすことを受容していく。

美恵子はハンセン病患者を身近な存在として、そう感じてきた。戦後は良薬ができたおかげで、様相は違ってきたが、戦前に発病した人はそうやって精神と肉体を折り合わせてきた。昔の患者は、不自由になり、醜くなる自分の肉体にコンプレックスを抱いた。彼らはふつうの健常者に対しては「壮健《そうけん》さん」と呼び、絶対に頭の上がらない存在として認める風潮すらあった。

美恵子は、ある患者が語る「病患者は壮健の人の前にはどうすることも出来ない奴隷みたいなものになり下がっているように思える」というやりきれぬ声を聞いている。

残念なことに病患者の価値基準をそっくり受け入れる健康人も少なくないので、美恵子の眼には「両者があいまって病患者と健康人の間に眼にみえぬ壁をつくり、同じ人間としての共同意識のうまれるのをさまたげがちである」と映る。右の言葉は、そんな弱者へのエールでもある。

❖60

新しい生きがいを、みいだしたいなら

自暴自棄によって自殺、犯罪、嗜癖《しへき》、デカダンスに陥るひとびとを眺めてみると、そこにいくつかの共通点がある。
そのなかで一ばん目立つのは我慢のなさと時間に対する不信の念である。
つまり、みな短気をおこしているのである。（中略）
もし新しい生きがいをみいだしたいとねがうならば、その探求はまず一切をみかぎってしまいたいこの心、このはやる心を抑えることから始めなければならない。

『戯れに恋はすまじ』で知られるフランスのロマン主義作家アルフレッド・ミュッセは、若い頃、ジョルジュ・サンドに失恋してアルコールと放蕩《ほうとう》に明け暮れ、ついに大動脈疾患で破滅的な死を遂げた。美恵子の眼には「早熟で、はなばなしかった彼の詩才もそれきり伸びなくなった」と映る。

こういうこらえ性がない人は、世間にも多い。美恵子は若い頃から、ギリシャの哲人プラトンの愛読者である。プラトンの『国家』の中の一節を紹介している。

「不幸な時にはできるだけしずかにしているのがいい。そして不満の感情はすべて抑えるほうがいい。こうした出来事のなかにはどれだけ善いものと悪いものがふくまれているか、われわれには評価できないからである。また同時に、短気をおこしても何の助けにもならないからである」

耐えられない悲しみや苦しみに直面したら、人はどんな行動をとるのだろうか。弱い人間は、アルコールで神経をマヒさせるか、享楽におぼれるか、うっぷんを弱いものにぶつけて暴力的になるか、そのいずれかであろう。そういう安易な方法に頼ることを美恵子は否定する。「抑制と忍苦」を経てこそ、次第に運命のもたらしたものを受け入れることができる。これが、美恵子の流儀である。

❖ 61

肉体的苦痛と精神的苦痛

生きがい喪失には必ず苦しみが伴う。

苦しみには肉体的なものと精神的なものとに分けられるが、この区別は必ずしも明瞭でない。

両者は同一現象の二面であるという説もある。

肉体的な苦痛はしばしば不安や焦燥を伴うし、精神的苦痛が身体の至るところに障害や苦痛をおこすことはよく知られている。

しかしまた、身体的苦痛がおこったために、かえって精神的な苦痛が軽減されたり、消滅したりすることがある。

愛生園の患者に「身体的苦痛がおこったために、かえって精神的な苦痛が軽減されたり、消滅したりする」ケースが時々見られる。そんな例を美恵子は紹介する。

三〇歳になるある患者は、療養所内で生きがいを見出せず、長年悩んでいた。そのため心臓発作に苦しんでいたが、ある時膀胱炎《ぼうこうえん》と腎盂炎《じんうえん》にかかった。高熱があり、二カ月の入院加療となった。医師や看護師の手厚い看護などもあり、患者は肉体的な苦痛はあるものの、その間、心臓発作は一度も起こらなかった。ところが病気全快後は、元の「生きがい喪失」の状態に戻り、同時に心臓発作にも見舞われるようになったのである。

美恵子は次のように推測している。「身体病の治療という、はっきりした生活目標ができ、それにむかって日々歩むことができたから、それで心の統一とおちつきがうまれたのではないだろうか。現に彼は毎日の熱の具合や折々の尿検査の結果に積極的な興味を示し、快癒への道程にいきいきと充実感を味わっていたようである」。

こんなことから美恵子は「肉体的苦悩よりもはるかに深刻なのは精神的苦悩である」という。その苦痛を和らげる一つとして、美恵子は精神的苦悩を他人に打ち明けることを勧めている。それによって悩みを客体化することができるからである。

62

「縁」というべきもの

そもそも他人を真の意味で援けるなど、
人間にできるかどうか、はなはだあやしいのだが、
もし何かのめぐりあわせで自分の存在が
他の人に何かの力になりうるような事態になれば、
それこそまったく「縁」ともいうべきもので、
それは人生で最も感謝すべきことと思える。

美恵子のすぐれた資質の一つは「謙虚」ということだろう。「人間は助け合わなくては生きていけない存在」と認識していても、人は与え続けられるだろうか。

愛生園にN・Mという患者がいた。美恵子が初めて会ったのは、一九七〇（昭和四五）年のこと。その数年前、美恵子は精神科医長の任を降り、非常勤で島に通っていた。

Nは入園後、フランス語に興味を持ち、独学で歴史書の翻訳をしていた。だが辞書にない言葉もあれば、自分でも心もとない訳文もあった。そこで、美恵子が診察を終えるのを待って見てもらった。すると美恵子は、気さくな調子で「さてと、私にできるかしら」と言いながら、Nに訳文を読むように促した。

美恵子はきれいな発音で原文を読みながら「ここね、私だったら、こう訳したいところだわ」と、まるで二人で相談するような口調で問題点を指摘していった。

次回からは難解な語句や疑問点を書き出すように勧めながら、美恵子は「私のことなら少しも心配しないでいいのよ。お仕事を手伝わせてちょうだい」と、Nを逆に気遣うのだった。美恵子の退官後も、およそ一〇年にわたって教えを受けながら、Nはついに一冊の翻訳書を仕上げた。Nは美恵子の大いなる尽力に対して、ただただ感謝するばかりだったが、美恵子にとってはこれも「縁」というべきものだったのだろう。

63

生《せい》の内容がゆたかに充実している

いうまでもなく生きがい感は
ただよろこびだけでできているものではない。
子供でもたえずよろこんでいるわけではない。
さまざまな感情の起伏や体験の変化を含んでこそ
生《せい》の充実感はある。
ただ呼吸しているだけでなく、
生の内容がゆたかに充実している感じ、
これが生きがい感の重要な一面ではないか。

1962年頃、神戸女学院にて

フランスの一八世紀の哲学者ジャン＝ジャック・ルソーは主著『エミール』の中で、「もっとも多く生きたひととは、もっとも長生きをしたひとではなく、生をもっとも多く感じたひとである」と述べている。美恵子は、毎日の生きている内容がぎっしりつまっているというだけではなく、ある程度の時間に対する抵抗感が必要という。するする流れる時間は、意識に跡を残さないからだ。

この抵抗感は単に意識の内容の変化で起こることを、美恵子は愛生園で実感した。

ある日、中年の患者が美恵子に問いかけた。

「先生は大阪の方から見えたそうですが、あそこの地下鉄は今どこまで行ってますか」。「西田辺《にしたなべ》までですよ」。「そうですか、そんなところまで行きましたか！」

その感に堪《た》えないといった声の弾み、目の輝き――島の狭いエリアで生きている患者にとってこんなささやかな情報がもたらすものが、これほど強烈な反応になって返ってくることに美恵子は驚かされた。

ことに何か思いがけない変化のあるとき、そこに生まれる驚きが生存充実感をもたらすことは少なくない。閉ざされた空間であれ、どんな場合も、生存充実感を得るには、時間は未来に向かって開かれていなければならない、と美恵子は考える。

64

四つの問い

青年時代に生きがいについて悩むひとはかなりいても、
大人になると避けておくのがふつうになる。
男の人は一応まともな職業につき、
家族を養うことができれば、
自分の生活は生きるに値するものと
心のどこかで簡単にかたづけてしまうし、
女のひとはなお一層そぼくに、
一応平和な家庭を営み、
家族そろって健康で仲よく暮せれば、
その中心である自分の存在意義を
十二分に感じてやすらっている。

1968年、成城短大にて、
教養実習の講義をする美恵子

「自分は何を生きがいにしているか」というテーマに、ふつうは大人になったらそう深刻に向き合うことはない。これを本気でつきつめると、今まで安全と思っていた大地が割れ、深淵をのぞきこまなければならないかもしれない。それでも立ち止まって、自分の生きがいを検証したり、存在意義に悩むことも出てくる。

この場合、美恵子によると大まかに、次のような四つの問いが発せられる。

一　自分の生存は何のため、またはだれのために必要か
二　自分固有の生きて行く目標は何か。あるとすれば、それに忠実に生きているか
三　以上あるいはその他から判断して自分は生きている資格はあるか
四　一般に人生というものは生きるに値するものであるか

美恵子は、人間が生きがいを感じるのは「自分がしたいことと義務が一致したときだと思われるが、それはとりもなおさず右の第一問と第二問の内容が一致した場合であろう」と述べる。しかしながら、主婦業以外にやりたいことがある女性などは、一致しない。この両立が困難となれば、第三問の「自分は生きている資格はあるか」と、自分で自分を責めることになる。これが高じると、うつになったり自殺さえ考える。人生は深刻に考えることもないが、さりとていい加減に生きることも許されない。

65

退屈は精神が健康である証拠

生活に変化がなくなると人間は退屈する。
それは精神が健康である証拠なのであって、
心が病むと退屈は感じられなくなることが多い。
たとえば脳の手術をして
前頭葉の一部を傷つけられたひとは
自発性をうしない、毎日なんの目的もなく
茫然と暮していても平気になる。

ポルトガルの医師、アントニオ・エガス・モニスによって開発された脳外科手術、「ロボトミー手術」は第二次世界大戦前後に世界的に流行した。前頭葉を切除して、精神障害の諸症状の根本的治療を試みたものである。攻撃性やヒステリー等の感情をコントロールできなくなった精神障害をもつ人に、この手術は有効と思われた。

ところが、ロボトミー手術を受けた人の経過を見ると、彼らの個性や人格は失われ、創造性もなくなることがわかった。この手術はその後、新薬の開発によって全く顧みられなくなった。美恵子によると戦後すぐの日本でも、大きな病院ではこのような患者がごろごろしていたという。人間性が失われ、「退屈」という感情もないのである。

それでは、この「退屈」をどうやって追い払えばいいのか。美恵子は、たえず旅行に出たり、冒険を求めたり、新しい流行を追わなくても、私たちの周囲には驚きがみちみちていると指摘する。愛生園では患者の悩みは「退屈」ということだが、それは比較的軽症の患者に多い。肢体不自由で失明しベッドにくくりつけられたような患者は、かえって窓外の風物や周囲の人びととの気配に耳をすまし、自己の内面をしっかり見つめ、歌や俳句創作に生きがいを感じている。肉体的機能の制限が、精神エネルギーの集中となって「退屈」を遠ざけるようになる。

66

自己との対面

社会的にどんなに立派にやっているひとでも、
自己に対してあわせる顔のないひとは次第に
自己と対面することを避けるようになる。
心の日記もつけられなくなる。
ひとりで静かにしていることも耐えられなくなる。
たとえ心の深いところでうめき声がしても、
それに耳をかすのは苦しいから、生活をますます忙しくして、
これをきかぬようなふりをする。

思い当たる人にとっては、耳の痛い言葉である。

「いつかバレると思っていました」「いつもビクビクしていました」「自分では悪いことだという認識はありました」

経歴詐称や絵画の盗作、作曲偽装、論文盗用などで見られる、詐欺的行為をした当人の弁明である。こういう人たちは社会的制裁を受けるが、それよりも精神的なダメージが非常に大きい。危機的状況にまで落ち込む人もいる。

とはいえ、こんな社会的事件の当事者だけが「自己に対してあわせる顔のないひと」ではない。仕事にかまけて全く家庭を顧みない人、愛人をつくり妻子を裏切ってよき家庭人のふりをする人、ボランティア活動を隠れ蓑にして犯罪行為をする人。いずれも、同じ穴のむじなである。

美恵子は「自己実現」に関する考察においても、同じ趣旨のことを言っている。すなわち、自己実現で道理に反したことをしていれば、どんなに外見上は立派であれ「自己の人生をも正視することができなくなり、横目づかいや上目づかいをするようになる」と。生き生き、堂々と人生を歩むためには、人は自己に忠実に「そのあるところのものになる」必要があると強調するのだ。

67 人生最大の幸福

青年期の友情も崇拝も
一生つづくとは限らないし、
その必要は必ずしもない。
青年期の一時期の成長に
役立つだけでも意味がある。
しかしもし若き日に一生をつらぬくほどの
友や師とのこころの交わりが与えられたら、
それは人生の最大の幸福の一つにちがいない。

1963年、津田塾大学にて

美恵子は友と師に恵まれた生涯であったが、また彼女自身が人生の師として多くの後輩、教え子に敬愛される存在であった。その一人に津田塾大学教授となった江《え》尻《じり》美《み》穂《ほ》子《こ》がいる。精神健康教育を専攻し、美恵子の教えを直接間接に受けた人である。

江尻も「人生において心から敬愛できるような師にめぐりあえ、しかもその師が何かと自分のために心くばりをして下さっていると感じられたら」これほどの幸せはない、自分は美恵子に出会って、大きな恵みと感謝の念を覚えると述べている。

忙しい美恵子は津田塾大学では、夏季や冬季の休み明けに何日かを使って集中講義をしていた。一般教養科目で精神医学を教えたが、人気があって八〇〇人ほどの学生が大教室に押し寄せて受講した。朝八時半から午後三時まで授業は続けられた。

江尻によると、美恵子は講義後、全くの好意で時間の許すかぎり、学生に個別のカウンセリングを行なっていたという。カウンセリングの内容は、美恵子にあこがれる学生との会話、進路相談、家族や親戚に精神医学上の問題を抱える学生からの相談、そして学生自身の精神的な悩み相談というものに分けられた。

どんな相談でもその場かぎりではなく、関西の自宅に帰っても可能なかぎり解決の手を差し伸べた。美恵子を人生の師と感謝する人が多かった所以《ゆえん》がわかるようだ。

68

理想に邁進する

「ジブンノコトハカンジョウニイレズ」（宮沢賢治）。
この理想は、数奇の運命を経て来た今日、
あの時以上に力強く掲げられねばならない。（中略）
これからは、はばからずして理想に邁進する時期だ。
「我を殺すこと」これも大きな仕事として努力しよう。
まずお前の傲慢さを砕くこと。得意にならぬこと。
人の賞賛に乗らぬこと。これを極力避けること。

1944年頃、帰国した父の赴任先、
新潟県知事官舎にて

一九四三（昭和一八）年暮れの日記である。美恵子の魂に最も近い日本の文学者といえば、宮沢賢治と言って差し支えないだろう。

この当時、美恵子は一生独身を通す考えを持っていたと思われる。美恵子は賢治が性欲を抑えるため一晩中、牧場を歩き回っていた時の言葉や信念に、一つの問題の解決を見出している。

「そうして人間として何等畸型《きけい》に陥ることなく、自分のあらゆる力を使命にそそぎつくす道を歩み得たのだ。私にもこの道を歩むことが許されたら！　と思う」

美恵子は賢治を知れば知るほど、日本人が誇らしく、嬉しくなる。

「世界ぜんたい幸福にならないうちは個人の幸福はあり得ない」という賢治の思想に心から共鳴するのである。ひるがえり、自分の不徹底さ、インチキ性と徹底的に闘うことを誓う。「私のわるい点――自らを甘やかすこと、自分の実際よりよく見せること。自分の主観的な感じをしゃべりすぎること」とさらなる反省も忘れない。

賢治と美恵子には、その資質と思想に共通するものが多い。人間的に謙虚なこと、奉仕の精神、文学や宗教的情熱、繊細な感受性、ストイックなまでの自己凝視、音楽への傾倒、家族思い、病歴等々、挙げていけばきりがない。

69
死は生の友

死に直面し、あわてない人はあまりいないであろう。
しかし波だつ心をしずめて、ゆっくりこれを眺めれば、
やがて、死は生の友にさえ変貌してくる。
死をほんとうに自分の生の中にとりこんだ人は、
かえってたいへん明るいのだ。
べつに高僧といわれるような人でなくとも、
こういう人のあることを私は知っている。

フランス皇帝ナポレオンは、生を肯定的にとらえた格言を残している。

「生きている兵士のほうが、死んだ皇帝よりずっと価値がある」

一方、作者不詳のこんな言葉もある。

「天国はすごくいいところらしい。だって、行った人が誰一人帰ってこないのだから」

このように、死生観は人それぞれである。美恵子は「死を生の友」に取り込んだ、昔からの知人の話を紹介する。

彼は幼い頃から身体的にも境遇的にもハンディキャップをもち、自力でその困難な人生を開拓してきた。天台の教えを自分のものとしていたためか、一種のユーモアと人生に対する達観があった。がんにかかっても、周囲がそれを誤魔化《ごまか》そうとするので、自分はダマされたふりをしていると美恵子に笑みを浮かべながら話す。

その一方、家族が困らないように、経済的な計画は着々と進め、墓地も戒名もすでに用意している。「あの世で自分の名前が分からないと困るからね」。

彼の姿を眺めていると、壮大な叙事詩を聞く思いさえすると美恵子は言う。美恵子は「死についてよく考えないでおいて、どうして生命の尊さや生きがいについて語ることができよう」と、医師らしく踏み込んだ感慨をもつのだ。

第7章

貴い人生を全うする言葉

——「なぜ私たちでなくあなたが？」

70

絶海の孤島

ここだけの話ですけど……
美智子さまはとても寂しげでいらしたの。
なにか「絶海の孤島」においでのように。
いつまでも慣れない古いしきたりや慣習に縛られて、
ただひたすら皇太子さまを
お頼りになされていらっしゃる。
ごく自然にお話になられたのですが、
そのときもハイヒールをきちんと履いて……
もっと気楽になされれば
お気持ちも軽くなるでしょうに。

1966年、日生港から長島へ向かう森丸の船上にて

美恵子が皇后美智子さまのご相談相手として東宮御所に参内するようになった経緯は別節に譲るが、初めて対面した時は美恵子五一歳、美智子さま三〇歳であった。以後、年に数回不定期で参内し、その関係は美恵子が体調を崩すまで七年間続いた。

二人の関係は、マスコミに公表されたわけではないので、まさに知る人ぞ知るというものだった。この辺りの事情を調べたジャーナリストの宮原安春《みやはらやすはる》によると、美恵子の気持ちは「高貴な方のところに通うのは、私向きの仕事ではないです。でも、お悩みになられているから、ぜひ、とある人に頼まれてしまってお断りできなくて」ということであった。それに美恵子の精神科医という職業柄、もしこのことが世間に知られて、あらぬ誤解を招くことを恐れる気持ちもあったらしい。

美恵子自身、夫宣郎にも美智子さまとの会話内容を漏らすことはなかった。日記には書いていたと思われるが、みすず書房の全集の日記篇でも省かれているようだ。

それなのになぜ上掲の言葉が知られたのかといえば、美恵子が長島愛生園の患者に診察の間に、ポロリと話したからである。美智子さまと初めてお会いした一九六一（昭和三六）年当時の愛生園はまさに世間と隔絶されていて、まさにここも「絶海の孤島」であったから美恵子もつい患者には気を許したのであろう。

71

なぜ私たちでなくあなたが？

なぜ私たちでなくてあなたが？
あなたは代って下さったのだ。
代って人としてあらゆるものを奪われ
地獄の責苦を悩みぬいて下さったのだ。

「癩者に」と題した美恵子の詩の一節である。

聖書の一節のような神々しい詩句である。美恵子はハンセン病患者を人間の原罪を背負った者のように、自分のこととして見つめている。

美恵子は、美智子さまが若い頃からハンセン病に関心を持ち、学生時代には患者と文通するなどして、ハンセン病関係者をよくご存じなので驚かされた。美恵子は美智子さまを「妃殿下がいまお持ちの人間性を失われることなく、お心の世界を豊かに持ち続けられるよう、お手伝いできればと考えている」と決意している。

めしいつつ住む人多きこの園に風運びこよ木の香花の香

いたみつつなほ優しくも人ら住むゆうな咲く島の坂のぼりゆく

この二首は、美智子さまがハンセン病療養所を訪れて詠んだ歌である。

天皇皇后両陛下は、この半世紀の間に全国一四カ所のハンセン病療養所のすべてを訪れ、患者たちを直接励まされている。今や入所者は八〇歳を超える高齢者が多い。

美智子さまは目の不自由な老女に、こんなふうに声をかけていた。

「美智子でございますよ。元気でいらしてくださってありがとう」

通り一遍の義務感で、こんなお言葉は出るものではない。

72 孤独な心に寄りそって

お目にかかったのは皇太子ご一家がお住まいになっている、
東宮御所の応接間でした。
お好きだというハープを見かけましたけれど、
それをあまりお弾きになられていないようです。
なにか、気を紛らわせること……
ご公務に差し障りのない範囲で、
芸術的なこと、文学的なことをおやりになれば
よろしいのではないでしょうかと申しあげたのです。

この言葉も長島愛生園の患者に美恵子が話した、美智子さまのご様子である。美智子さまの芸術的才能は、短歌一つ取り上げても非凡なものがあることは誰もが認める。音楽や文学に造詣の深い美恵子は美智子さまにお会いして、それをすぐに理解したのだろう。芸術的なことは、閉ざされた環境の中でも才能を伸ばせるし、また精神的な張り合いを生むからである。

推測するしかないが、当時の美智子さまの孤独な心に、美恵子との出会いはどれほど救いになったことか。

そもそも美恵子が東宮御所に参内するきっかけとは、なんであったのだろうか。美恵子の兄の前田陽一（当時、東大教授）は、これよりずいぶん前から皇太子ご夫妻にフランス語やパスカル、モンテーニュ等、西洋古典のご進講のため、東宮御所に足繁く通っていた。

宮原安春の取材によると、美智子さまに美恵子をお話し相手として推薦したのは、美恵子の父前田多門と縁の深い元宮内庁長官田島道治と侍従長の三谷隆信《みたにたかのぶ》である。ただし、美智子さまも以前から美恵子のことは知っており、ご自身も要望されたようだ。

以後、二人は単なる話し相手の域を超え、深い絆でつながっていくのである。

73 キンドレッド・ソウル

宮中に伺うなどということは
私の好みではないけれど、
心のつながりはそれを超えるもの。
あの方はキンドレッド・ソウルよ。

この言葉は、美恵子が昔から親交のあるブラジル在住の日系二世のリラ山本に、一九七〇（昭和四五）年にニューヨークで再会した際、ふと漏らした言葉である。「あの方」とはもちろん「美智子さま」である。「キンドレッド・ソウル」とは宮原安春によれば「同類の魂」「魂の縁」という意味だそうだ。

山本が宮原に宛てた手紙には、こうある。「この折（ニューヨークでの再会）、ふと話題が美智子妃のことに及びました時、美恵子さんの表情にのぼったやさしさを私は忘れえません。美恵子さんは華美を好まれず、いわゆる上流の社会を避けて生きてきたお人でしたが、ご自身は遠き縁なきところと思われていた皇室に、おひとりの真実の友を見出してしまわれたのでした」

美智子さまも美恵子との縁をことのほか大事にしていたのは、レバノン大統領から贈られたハリール・ジブラン（レバノン生まれの世界的詩人）の詩を共に読まれたり、詩集を美恵子に一冊プレゼントしていることでもわかる。

美恵子は晩年に出版した『うつわの歌』の中に、ハリール・ジブランの詩を訳して収載している。また、宣郎によれば美恵子は「歿する間際までジブランに関する資料の入手につとめていた」という。

74 夫婦の縁

家庭の中で夫と妻のみが
血によってつながっていないのは意味深いことだ。
彼らは生物学的につながり
人格的につながることによってのみ家族となる。
それは自由な選択であって
運命的におしつけられたきずなではない。
多くの可能性の中からえらびとったものなのだ。
血縁ならそれから逃れる方法はないが、
夫婦の縁は、これを断つことはいつでも可能だ。

美恵子にとって幼少時の家庭の印象には、暗いイメージが拭いがたくあった。母房子が何かを叫んで家を出て行く。美恵子にはおぼろな記憶しかないのだが、ショックは大きく、「家庭がガラガラこわれていく」感じがした。「やめて、やめて!」と心の裡《うち》で母を追う。自分のそばに眠る妹を起こさぬように気遣いながら、「お母さんがいなくなるなら」自分がしっかりしなければと「長女的性格」で考える。

確かに、美恵子の父母はケンカの絶えない時期があったようである。およそ収入の半分を夫の実家に仕送りし、病弱な子を含む五人の子ども達を育てる母房子の気苦労は並大抵のものではなかった。

夫多門は、それをすべて妻に押しつける。社会福祉事業家になる夢を多門と結婚することで断念した房子としてみれば、納得できない部分があったであろう。夫から冗談で「(幡随院《ばんずいいん》)長兵衛《ちょうべえ》」と呼ばれた度量の広い妻でも我慢できないものはできなかった。

美恵子は後年になって、いささか神経過敏な娘時代を振り返って、母の行動にも理解を示しているが、家庭の平和を願う気持ちはひと一倍強かった。兄陽一は美恵子に「ぼくはケンカしないでも家庭生活が送れるものだということを、結婚して初めて知ったよ」と笑いながら語っている。美恵子も「同感」であった。

75

母の苦労を思って

或る時新宿でどこかの知らない人に
こうほめられた事がある。
「毎朝一緒につれていらっしゃるんですか。
おえらいですね」と。
その時ほど得意に感じたことはない。
でも妹としても大へんだろう。
普通の子供よりも朝は三十分も早く行き、
午後は二時間も待っているのだもの。
そう思うと毎日よくおとなしく私について来る妹が
いじらしくなってぐちが言えなくなる。
妹を学校につれて行くだけでさえこんなのだから、
親として子を持つのはどんなに大変だろう。

1926年、ジュネーヴにて妹弟たちと

成城高等女学校二年生（一四歳）の頃、末妹とし子を連れて電車通学をしていた美恵子の作文の一節である。「親として子を持つのはどんなに大変だろう」という大人びた感想にも伏線《ふくせん》があった。

美恵子は、母房子からよく「子どもを育てるには親は死ぬほどの苦労をしなければならないのよ」と聞かされていたからである。その苦労は、前節で少し触れた。

房子の生家はお金を貸した男に放火され全焼するという事件もあって、没落してしまった。父を早くに亡くしたが、成績優秀なため群馬県富岡市の援助で、東京の学校に通うことができた。クェーカーの創設した学校に五年間通い、首席で卒業したという。

その後、新渡戸稲造《にとべいなぞう》の目にとまり、弟子の前田多門と結婚することとなったのである。

房子は夫と違って社交性もあり、徹底して「善意の人」だったため、人に好かれた。その点は、美恵子も大いに認めている。

美恵子には、母の忘れられない言葉がある。赤ん坊を抱いて自分が翻訳したマルクス・アウレリウスの『自省録』を、真っ先に母に届けた時のことだった。

「やっぱりあなたはちゃんとした女性になってくれたねえ。さんざん心配したけど」

母よ、許し給え、と美恵子は心の中でつぶやくばかりだったという。

76 更年期主婦の虚無感

「何をみてもおもしろくない」「何もかもしんきくさい」
「何のために生きているのか分からない」「女として終わりだ」
女の生き方、というものについて、
同類として私は考えなくてはならない責任がある（中略）。
更年期に女ははじめて人間として生きはじめるわけだ。
その時「実存」を確立できなかったら、
余生はただ「生ける屍」になるほかないだろう。

一九六〇（昭和三五）年五月二八日にYMCAで美恵子が話をした際、印象に残った更年期主婦の訴えを日記に記したものがこの言葉である。美恵子に言わせれば「更年期主婦のオントロジカル［存在論的］な虚無感の訴え」だそうである。

子どもは大きくなり手から離れ、心にポッカリ穴が開いた状態で、もう若くもなければ伴侶に対する関心はそれほどなく、これから行く道を模索するには仕事上のキャリアもない。確実に、老いが待ち受けていることに気づかざるを得ない。まだまだ女性の社会参加の道が険しい頃の、中年主婦の悲鳴が聞こえてきそうである。

美恵子はこの年、四六歳である。つまり、「更年期主婦の虚無感」を共有してもおかしくない年齢である。美恵子にかぎってそんなことはなかったのであろうか。そんなことはあるまい。彼女の日記から引用してみたい。

「もういいかげんに生き方をかえなくては、たとえ目前の仕事がかたづいたところで、ほかの生き方ができなくなるだろう。ここでどうしても失われた何ものかをとりかえさなくてはならない」。ここには、言い知れぬ焦燥感がうかがえる。

しかし美恵子は、この危機をライフワークの『生きがいについて』を執筆することで超克していくのである。

77

心の世界

ふつうのひとはほとんど自分でも気づかずに
自分の心の世界のなかで
自由に手足をのばして生きている。
また自分がいま住んでいる世界が
きゅうくつになれば、
それをもっと住み心地のよいところにするために、
意識的無意識的に、
いろいろなものを求めてもがいたりする。

1957年、家族で訪れた比叡山にて

貝が自分の分泌物でさまざまな形、色、柄のような貝殻をこしらえるように、人間も自分が住み心地のいい心の世界をつくりだす。ここに一組の夫婦がいるとする。

夫は自分の仕事上の成功を価値基準の第一に考えている。当然、仕事には全力投球するし、自分の社会的名誉を得るためには必要な人には充分礼をつくす。それ以外の人間は、彼にとって影が薄い存在となる。出世に邪魔と感じれば、自他共に抑え込む。

妻はわが子を、自分の価値観に沿って育てることを第一にしている。それを妨げる存在は排斥《はいせき》していく。他の子どもと遊んでいても、自分の子どもしか眼に映らない。

この二人には共通の家庭はあっても、円の一部の弧だけが重なり合っているだけで、お互い用さえ足りれば、理解し合っている気になっている。

ところが何かのことで二人の間のくいちがいが、明らかになったとしたらどうだろうか。夫が子育てに協力しない、あるいは妻に、夫の仕事への理解が不足している……。こんなことで、自分たちが本当は別々の世界に住んでいたと気づいて愕然とする。

美恵子はこのような例を挙げながら、本当のところは二人とも自分が住むのにふさわしい、のびのびできる世界をつくろうと努力しているだけのことかもしれない、と冷静に観察している。

❖78 外部からの配慮

すべて生命というものは、
温度とか湿度とか栄養物など、
いろいろな外的条件がそろってこそ
初めて存続しうるものなのだ。
そのためにはたえず外部からの配慮が必要なのだ、と
私は粘菌育ての経験から強く印象づけられた。

粘菌を通して生命全般の営みを見たこの言葉は、子育て中の女性には示唆に富むだろう。夫が粘菌の研究で世界的に有名な生物学者なので、美恵子は生命については門前の小僧を自認する。遡《さかのぼ》って第二次世界大戦後、美恵子の家では粘菌を育てていたことがある。粘菌とは朽木《くちき》や土壌に住む原始的な生物で、動物とも植物とも言えない苔《こけ》のようなものである。昭和天皇や南方熊楠《みなかたくまぐす》が研究者として知られている。

この粘菌は、平面上でネットワークをつくる。二〇一〇年、このテーマで北海道大学の中垣俊之《なかがきとしゆき》教授がイグ・ノーベル賞を受賞したので、思い当たる人がいるかもしれない。

美恵子によると、この粘菌を元気に生かしておくにはそれ相応の注意を払う必要があるという。少し水を張ったガラス容器に粘菌のかたまりを入れ、からす麦を押しつぶした栄養物を適当な温度のところで置いておく。そうすると「粘菌は縦横にひらひらした突起をのばして育って行く」。ところが水分や養分の補給を怠れば、かたい殻をかぶったつぶつぶになったり胞子《ほうし》になって、すぐに発育をやめてしまう。気がついて、適当な環境に戻すとみずみずしく育つ。

美恵子自身、二人の赤ん坊というもっと複雑微妙な生きものを育てた経験から、この外部の「配慮」ということを「なまなましい実感」として捉えたのだった。

79

境遇に支配される人間

人は、殊に個性の強い人は、
自分の力を自由に延ばせる世界にいないと
あらゆる心身の調子がぐれて来るらしい。
人間というものがこれほどまで
境遇に支配されるものかと思うと
淋しい気もする。
また謙遜もさせられる。

1939年、米ニューヨーク郊外、スカースデールの家にて両親と

日米開戦により、ニューヨークのエリス島に敵性外国人として抑留されていた前田多門は、一九四二（昭和一七）年八月、交換船で帰国した。多門は家族から大歓迎を受けたが、一家には暗い影もさしていた。それは多門がかつて九年間も朝日新聞社の論説委員を務めていたことから、国際派リベラルの多門を快く思わぬ一派が政府内にいたためである。それもあって多門は一年近く、失業せざるを得なかった。

来客がなければ、一日中座敷でとりとめのない読書をしているしかなかった。美恵子はそんな父の姿を見るにつけ、「何かもっとはりのある生活を願わずに居られない」と、日記に書いている。それは家計の問題もあるだろうが、壮年の働き盛りを無為に過ごす多門本人が一番切実に感じていたことだろう。

ところが一九四三年六月、内務省以来の盟友後藤文夫《ごとうふみお》が多門の家を訪ねてきて、新潟県知事と北陸地方行政協議会会長就任を要請したのである。少し考えたのち、多門はこれを引き受けた。妻房子は大喜びだったが、多門も久々の大役でさぞ腕を撫《ぶ》したに違いない。その様子を美恵子は「父上のはち切れんばかりの元気、はり、昂奮、家の中のよろこばしきさんざめき」と描写する。しかし、美恵子は半面、冷めた目で右の言葉を日記に記すことも忘れない。

80

父への手紙

さまざまの欠陥やつまづきを、
乗り越え乗り越えて
常にたゆまず向上発展の一路を
努力して来た者の晩年は
祝福されたものであり、
その生命は真に衰えることの
ないものであることを思わされ、
大きな励ましをおぼえます。

1957年頃、芦屋の自宅にて、父の多門、子どもたちと共に

これは、出されることのなかった美恵子から父多門への手紙の一節である。この手紙を認《したた》めた一九四五（昭和二〇）年は、多門が文部大臣に就任した年である。父の依頼に応じて美恵子は秘書の役目をこなし、父のみならず文部官僚からも喜ばれた。多門はことのほか美恵子を頼りにし、美恵子もまたそれを励みに思っていたようである。

美恵子は多門が朝日新聞論説委員であった当時、多門から手紙をもらっている。その現物は戦災で失われたにもかかわらず、何度も読み返したため文面をよく覚えていた。

「君は自分自身個性がつよく、我がつよいのに、家庭の平和のために自分を抑え、みんなのためにつくしてくれている。それをぼくはいつもうれしく思っているよ。これからもよろしくたのむ。父より」

以来、美恵子の父への尊崇の念はさらに強くなり、二人の絆はいっそう強固となった。宣郎の大阪大学理学部教授としての仕事の都合上、関西に引っ越すことになった旨を多門に報告した際、さっと陰った父の暗い表情を、美恵子はいつまでも覚えていた。

晩年の多門が用事で関西に出かける際の嬉しさを隠せない表情は、美恵子の妹たちの語り草であった。これほど幸せな父子も少ないだろう。親子であれ、互いの仕事と人格を心から認め合った者にしか得られない関係だった。

81 兄の本棚

兄の本棚からいろいろ物色した。
最初手にしたのはだれの著書だったか、
分厚いフランス語の西洋哲学史で、
プラトンやソクラテスの大きな肖像が
線画で載っている。
哲学のテの字も知らなかった女学生にとって
この本は脅威と感激をもたらしてくれた

1933年、群馬・赤城山にて、兄の陽一とスキーを楽しむ

「人間は考える葦《あし》である」との言葉で知られるパスカルだが、このパスカル研究の世界的権威、前田陽一東大名誉教授は美恵子の二歳上の兄になる。陽一は作家の大江《おおえ》健三郎《けんざぶろう》の恩師であり、共産党の不破《ふわ》哲三《てつぞう》元委員長も、陽一からフランス語を習っている。

美恵子の知的形成にこの兄の果たした役割は大きかった。しばしば美恵子は兄から「僕の本を勝手に持ち出して汚すんじゃないぞ」と叱られた。美恵子は台所まで本を持ち込むので、調味料で本を汚すことがあった。美智子さまから贈られたレバノンの詩人、ハリール・ジブランの豪華本『預言者』でさえ書き込みをするほどである。

「いったい何を読んでるんだ」と兄に問われて、ラ・ロシュフコーと答えれば「そんなものを読むなら、これを読め」と手渡されたのが、パスカルの『パンセ』だった。この本は自分でものを考えるにあたって決定的な意味をもったと美恵子は回想する。

兄とは共にアテネ・フランセで学び、なんでも話し合い、一時は親よりも影響を受けた。後に陽一は一〇年ほどフランスに政府給費留学生として留学してしまい、美恵子とは疎遠になるが、晩年の美恵子は自分の重要な論文、著作は兄のもとにどんどん送った。「これも死期の近いのを感じたからであろう」と、陽一は美恵子を偲《しの》んでいる。

82

同志として

こころとからだを病んで
やっとあなたたちの列に加わった気がする
島の人たちよ　精神病の人たちよ
どうぞ　同志として　うけ入れて下さい
あなたと私とのあいだに
もう壁はないものとして

「病床の詩」という連作の中の「同志」と題した詩である。一九七五（昭和五〇）年に入院した際に病床で詠んだ。もう一つ紹介してみたい。「ひとの心がわかるとき」と題されている。

かんごふや　おそうじの　おばさんに／説教や　きついことばを　言われたとき／その日は一日　暗くなる／でも　一日たつと　そのかんごふや　おばさんの／ことばのよってきたるところがわかる／その　生活と心境がわかる／私もかつて　くすし　として／きっと　そんなことばを　患者さんに／心なくも　あびせたのに　ちがいないことも。

かつてはくすし（医者）として患者を診ていた美恵子が、患者としてベッドに横たわる身になって、周囲からいたわられ、看護され、はじめて理解したこともあったようだ。そして、今すぐどうというわけではないが容易ならざる病気と知れば、ある種の覚悟もあったに違いない。他の詩で医師から患者になる状況を「すべては　順めぐり／すべては　順めぐり」とつぶやく言葉に、それがにじみでている。

病気の進行は、徐々に身体にもはっきりと影響が出始めている。しばらく後の日記には「だんだん視力がおち、右半身不随になって行くことはわかっているけれど、痴呆になり切るまでせめて感謝の歌をたやさないようでありたい」と記してある。

83

絶望の門を出て

（前略）そして何十年
病める人の側に立ち
ささやかな医療をすることが
私の一生となった。
仕事が烈しすぎて
私もまた病んでいる
しかし、私の心は晴れている
なすべきことを少しでもできた恩寵を思う

一九七九（昭和五四）年、美恵子の死去する年に書かれた「絶望の門」と題した詩の最終節である。「そして何十年」とは、「うつつならぬ愛を与えられた」野村一彦の死から数えての歳月でもある。

……「とうとうだめでした」
ある朝、兄と私は駅で父上に会い
彼の目から涙がはふりおちるのをみた。
その日、私の天地は崩壊した。……

「父上」というのは一彦の父、野村胡堂である。美恵子は一彦が再起不能と知った時から「一生自らはたらいてその人との生活を支えようと決意した」と、この詩に書いている。しかし、同時にその前途の困難なこと、「漆黒の闇が道を塗りつぶしている」ことも、美恵子は理解していた。

若き日の美恵子に「有髪《うはつ》の尼」の覚悟を懇請した野村胡堂の心情に美恵子は深く同情するものの、自らの人生は自らの手で切り開く決意があった。美恵子は死去する年になぜこの詩を書いたのであろうか。天地が崩壊する「絶望」から、苦闘の末にたどり着いた「恩寵《おんちょう》」への深い感謝の念ではなかったか。

84

死もまた自然

生が自然のものなら
死もまた自然のものである。
死をいたずらに恐れるよりも
現在の一日一日を大切に生きて行こう。
現在なお人生の美しいものに
ふれうることをよろこび、
孤独の深まりゆくなかで、
静かに人生の味をかみしめつつ、
さいごの旅の道のりを歩んで行こう。

1973年、宣郎と共に芦屋の自宅庭にて

ぶよ　あなたはあまりにもやさしい／病める妻をいとおしみて／赤児のごとくいたわりたもう／私も今や赤児のようになって／何もかもあなたの手にすがるの

（中略）

「のぶに」と題した詩の冒頭部分である。美恵子は、迫りくる自身の死を少しも恐れはしなかったが、夫や子どもへの愛と後顧の憂いだけは断ちきれるはずはなかった。宣郎も「病める人、悩める人への献身に喜びを見出してきた妻が、病める身となって家族に心配と苦労を掛けることをことのほか悲しんだ」と、妻の気持ちを慮《おもんぱか》る。

「こんな病気になってごめんなさいね。あなたのお仕事の邪魔ばかりして」

美恵子がしばしば繰り返す言葉に、宣郎はこう答える。

「『なぜ私達でなくてあなたが？　あなたは代って下さったのだ……』と誰かが言ったね。もし君の病気を私が患っていたら、君はどんなに手厚く看護してくれただろう」

美恵子は、夫のこの慰藉《いしゃ》にいつも黙ってしまう。美恵子は家族への感謝と同時に、揺れる気持ちも隠さない。冒頭の詩の最終フレーズは、次のように締めくくられている。

私は　もうたくさん生きて／たくさん　この世のめぐみを　頂いて／そっと　去って行きたいとは思うけれど。

85

心のハイマートに

心のハイマート（故郷）に帰った心地がした。
軽い調べの底に流れる深い悲哀、
この世に関する限り
これが本当の調子であることを思う。
よろこんでいる人より
はるかに数の多い人々の苦しみと、
人生そのものにまつわる悲哀とを思う。
私は自分一個のためにもう充分苦しんだ。
今はもはや自分のために
苦しんでいる時でも
喜んでいる時でもない。

1972年、信州穂高にて

アメリカ留学中にラジオから流れる、バッハのカンタータを聴いた美恵子の感想である。「私は充分苦しんだ」というのは、野村一彦の死に関することであろう。前田家は戦前の日本人には珍しく、子どもたちにピアノやフルート、ヴァイオリンを習わせた。家族で連弾したり、近所で集まって室内楽を楽しんだ。音楽評論家あらえびす（野村胡堂）とは、家族ぐるみの付き合いで、なおいっそうの音楽的環境にあった。

美恵子は、ことにバッハの音楽に傾倒していた。『若き日の日記』にも至るところに、バッハに関する記述が出てくる。

「富を得るためでもなく、名声を馳せるためでもなく、バッハはひたすら職務を果たすために、また神を賛美する心の溢れるままに書き続けたのである」

「バッハの平均律を弾いて涙が出た」

「バッハを聴いて心を鎮めた。神様どうか最後まで、悩む人々の友たらしめて下さい」

美恵子の戦時中の日記には、ひと言も戦意高揚の言葉はない。あるのは、勉学と自省と音楽と文学への憧れと使命感である。バッハへの愛は生涯変わらぬものだった。

美恵子は六五歳で死去したが、その葬儀は読経《どきょう》も祈禱《きとう》もなく、バッハのカンタータ『主よ人の望みの喜びよ』が流された。これは生前、美恵子の指定によるものだった。

監修者あとがき

「生きがい」は人間を解放する

聖路加国際病院名誉院長　日野原重明

私が神谷美恵子さんを知ったきっかけは、『自省録』という一冊の哲学書でした。古代ローマで哲人君主といわれたマルクス・アウレリウス（一二一－一八〇年）によって著されたこの本は、神谷さんが最初に翻訳を手がけられた一冊です。

神谷さんは語学の才に秀でておられ、英仏語は申すまでもなく、ラテン語、ギリシャ語、ドイツ語にも通暁しておられました。一九三〇年代、津田英学塾の大学部在学中に結核にかかってしまうのですが、その病床で、なんと独学でギリシャ語を学び、プラトンやホメーロス、そしてマルクス・アウレリウスの『自省録』といった世界の名著をすべて原語で読んでいくのです。

この『自省録』を、近代臨床医学の父、ウィリアム・オスラー博士が、「医学を志す者は日々寝る前に読むべき」として推薦していたことから、神谷さんの訳による『自省録』を読ませていただいた。それが、私にとっての最初の神谷さんとの接点です。私が読んだのは岩波文庫より出版され、著者名が「マルクス・アウレーリウス」と表記されているもので、今でも手許に置き、時々ページをめくっています。

神谷さんは、一九歳のときに訪れたハンセン病患者のための医療施設、多磨全生園で、一人の若いナースの働く姿に深く感銘を受け、自分自身もハンセン病患者のために働くことを天命と感じます。しかし当初は、両親らの猛反対に遭い、いったんはあきらめます。それを時間をかけて説得し、その後、東京女子医学専門学校という、現在の東京女子医科大学を卒業され、一九五七〜七二年の間、長島愛生園に勤務されました。

日本人に「生きがい」とは何かを、改めて考えさせてくれた人

神谷さんには、『生きがいについて』という、非常に有名な著書がありますが、私が思うに、日本人に「生きがい」とは何なのかを、体系だててしっかりと考えさせてくれた、最初の人が神谷さんだったのではないでしょうか。

その著書の中で、神谷さんは「人間がもっとも生きがいを感じるのは、自分がしたいこととやるべきことが一致するとき」だと記しておられます。

たとえば音楽や文学など、自分のやりたいことと、義務やミッションが一致すれば幸

いにも非常に生きがいをもって取り組むことができるということです。

人はそれぞれ仕事を持っています。その仕事に忠実に取り組むだけでなく、仕事を通して人々にどう貢献できるかを考える。もしくは勉強を深めて、自分の使命を考える。私はソクラテスの「何よりも大切にすべきは、ただ生きることではなく、よく生きること」を座右の銘にしていますが、これは神谷さんから学んだことでもあります。

神谷美恵子さんの「生きがい」論に刺激されて

実は、神谷さんの「生きがい」論に刺激を受けて、私が始めたことがあります。二〇〇〇年に立ち上げた「新老人の会」です。

その当時、高齢化が進む日本の現状について、あちこちでそれを心配する声が上がり始めていました。六〇歳、あるいは六五歳までは第一線で活躍していても、それ以後の人生を何の目的もなく、ただ無為に送るようでは、せっかくの長寿を「生きがい」のある人生として全うすることはできません。

そこで心身の健康な老人層を「新老人」と名付け、そのパワーを結集して、世界平和のために活動しようではないかと訴えました。それが「新老人の会」です。今、会員は九〇〇〇名ほどで、全国に四六の支部を抱える組織となりました。

高齢社会の問題は、何も高齢者だけのものではありませんし、日本だけの問題でもありません。高齢者の知恵や力を、社会全体で十分に生かせなければ高齢社会の未来もないのです。

ところで、日本は、二〇世紀に入ってから大きな戦争を二度経験しましたが、すでにその経験を語れる人も少なくなってきています。世界平和のために何より大事なことは、先の戦争体験を、高齢者が後世にしっかりと伝え、平和の尊さを訴えることではないかと思っています。

感謝の心は不安や恐怖を取り除く

私は神谷さんが生きておられる間、残念なことに直接お目にかかる機会には恵まれませんでした。六五歳という若さで亡くなられたことを考えると、あまりに早くに迎えた人生の終焉というよりほかありません。

しかし、ご本人にとっては、十分にその生を生き抜いて、充実した人生だったと考えておられたのではないかと思います。

それは、神谷さんがいよいよご自身の命が燃え尽きるまで、あと何日も残っていないというときに書かれた、次の『残る日々』という詩を読めば明らかです。

不思議な病を与えられ
もう余り生きる日の少なきを知れば
人は一日一日を奇跡のように頂く
ありうべからざる生として

まだみどりも花も見ることができ
まだ蓮の花咲く池のほとりをめぐり
野鳥の森の朝のさわやかさを
味わえることのふしぎさよ　（後略）

自分は重い心臓病を患っているけれども、森で小鳥のさえずりを聞いたり、花が咲いているのを眺められる。こんなにも美しい自然を楽しむことができるとは、何と幸せなことかという感謝の詩です。

この詩には、神谷さんが最期を迎えるその瞬間まで、与えられた命に感謝しよう、とする思いが詰まっています。病室にいながらも、日々を感謝して生きようとされた。自分は不幸だと嘆くのではなく、残されているわずかな日々の中に、神様に与えられた恵みを喜ぶ気持ちがあったから、神谷さんは死へ向かう不安や恐怖に耐えられたのではないかと思います。感謝の心とは、一つの積極的な生き方の形なのです。

人間は生物学的な「老化」からは逃れることはできません。しかし「老化」と「老い」は違います。人間的な概念である老いは、生きがいを持つことで豊かな人生を享受できるのです。そこに、命の長短は関係ありません。

神谷さんは、その生涯を通してたくさんの功績を残されましたが、私が何よりも強く感じるのは、生きがいを持つことで人は「老い」からも、そして「病」からも解放されるという、神谷さんご自身の生き方の素晴らしさです。よく生きるとは、すなわちよく老いることであり、どうよく病むか、ということです。その素晴らしい見本を、神谷さんは身を以て私たちに示してくれたのだと思います。

（了）

神谷美恵子　年譜

西暦	和暦	月	年齢	できごと
一九一四	大正三	一月	〇歳	前田多門・房子の第二子として、岡山市で生まれる。
		四月		父が長崎県理事官となり、一家は長崎へ転居。
一九一五			一歳	父が内務省本省勤務となり、一家は東京へ転居。
一九二〇	大正九	四月	六歳	下落合小学校入学。父は内務省を退職し、東京市助役となる。
一九二一	大正一〇		七歳	聖心女子学院小学部二年に編入。
一九二三	大正一一		九歳	父、国際労働機関(ＩＬＯ)の日本政府代表として、家族を伴いスイス・ジュネーヴに赴任。ジャン=ジャック・ルソー教育研究所付属小学校に編入。
一九二五	大正一四		一一歳	ジュネーヴ国際学校中学部に入学。
一九二六	大正一五	一二月末	一二歳	日本へ帰国。
一九二七	昭和二		一三歳	ジュネーヴより帰国後、自由学園に編入。
		九月		成城高等女学校一年に編入。ホッケー部などで活躍。キリスト教無教会主義の伝道者である叔父・金沢常雄の聖書研究会に参加するように。在学中に兄の親友であった野村一彦(野村胡堂の長男)を知る。
一九三二	昭和七		一八歳	成城高等女学校卒業。津田英学塾(現・津田塾大学)本科入学。
一九三三	昭和八		一九歳	叔父金沢常雄に同行して、オルガン奏者としてハンセン病療養所多磨全生園を訪問。この体験を機に医学を志すが両親らの猛反対にあう。
一九三四	昭和九	一月	二〇歳	野村一彦死去。
一九三五	昭和一〇	三月	二一歳	津田英学塾本科卒業。
				同大学部に進学、予科生を教える。
				肺結核を発病。軽井沢の山荘で、単身療養生活を送りながら、独学で英語科高等教員検定試験に合格。肺結核治癒。
一九三六	昭和一一	春	二二歳	肺結核を再発。療養のため再び軽井沢へ。病床でギリシャ語などを独習し、マルクス・アウレリウス『自省録』など、世界の名著を原語で読む。
一九三七	昭和一二		二三歳	肺結核治癒。津田梅子奨学金を与えられ、渡米が決まる。

一九三八	昭和一三	一〇月	二四歳	父、ニューヨークに新設された日本文化会館館長に就任、一家で渡米。ブリンマー大学に籍を置き、ギリシャ語を学ぶ。
一九三九	昭和一四	二月	二五歳	六月までフィラデルフィア郊外にあるキリスト教クェーカー派の学寮ペンドル・ヒルに入寮。生涯の友となる浦口真左と出会う。父から医学部進学の許しを得る。
		六月中旬		八月までパリの兄一家のもとへ手伝いに行く。
		九月		バーナード大学で医学の勉強を始める。
一九四〇	昭和一五	一月	二六歳	コロンビア大学理学部・医学進学コースに転籍。
		七月		日米関係悪化と、日本で医師免許を取得するため帰国。
一九四一	昭和一六		二七歳	東京女子医学専門学校(現・東京女子医科大学)本科へ編入。
一九四三	昭和一八	八月	二九歳	ハンセン病療養所長島愛生園(岡山県)に一二日間滞在し、診療、手術、解剖の実習を行なう。卒業後の長島愛生園就職を望むが父の強い反対で、進路を精神医学に定める。
一九四四	昭和一九	秋	三〇歳	東京女子医学専門学校を卒業。東京大学精神科医局へ入局。内村祐之教授のもとで学ぶ。
一九四五	昭和二〇	五月	三一歳	空襲で自宅全焼。家族は軽井沢に疎開するが、美恵子は東大精神科の病棟に住み込み、仕事を続ける。
		八月		終戦直後、父、文部大臣に就任。父を助け文部省で翻訳業務に従事する。
一九四六	昭和二一	一月	三二歳	父、文部大臣を辞職。後任の安倍能成大臣のもと、GHQとの交渉における通訳翻訳業務に従事。
		五月		東京大学精神科医局に戻り、内村教授の大川周明精神鑑定を手伝う。
		七月		東京大学植物学教室講師の神谷宣郎と結婚。
一九四七	昭和二二	四月	三三歳	長男律誕生。英語、ドイツ語、フランス語の家庭教師のアルバイトを始める。
一九四九	昭和二四		三五歳	マルクス・アウレリウス『自省録』(創元社)を翻訳出版。
				宣郎、大阪大学教授として赴任。
		一二月		次男徹誕生。
一九五〇	昭和二五		三六歳	宣郎、ペンシルヴァニア大学で研究のため渡米。
				アテネ・フランセでフランス語を教え始める。
一九五一	昭和二六		三七歳	宣郎、帰国。

西暦	和暦	月	年齢	できごと
		七月		東京大学精神科医局を辞し、一家で芦屋に転居。 家計を助けるため、神戸女学院大学英文科の非常勤講師となる。
一九五二	昭和二七		三八歳	大阪大学医学部神経科に研究生として入局。医学の勉強を再開する。
一九五三	昭和二八		三九歳	徹、粟粒結核発病。当時の特効薬であるストレプトマイシン購入費用をまかなうため、カナディアンアカデミーでフランス語を教えるほか、自宅でフランス語の私塾を開く。
一九五四	昭和二九		四〇歳	神戸女学院大学助教授に就任。
一九五五	昭和三〇	一月	四一歳	母、房子死去。 初期の子宮癌が発見されたがラジウム照射で進行を食い止める。
一九五六	昭和三一	九月	四二歳	神戸女学院大学助教授を辞し、非常勤講師としてフランス語、精神衛生を教える。 ハンセン病の精神医学研究に本格的に取り組むため、長島愛生園の光田園長に手紙を出し、一三年ぶりに長島を訪れる。
一九五七	昭和三二	四月	四三歳	長島愛生園非常勤職員として、ハンセン病の精神医学的調査を始める。同時に、定期診療、園内の准看護学校での講義を行なう。
一九五八	昭和三三		四四歳	長島愛生園での診療・講義を続けながら学位論文を執筆。 グレゴリ・ジルボーグ『医学的心理学史』(みすず書房)を翻訳出版。
一九六〇	昭和三五		四六歳	論文「癩に関する精神医学的研究」により大阪大学から医学博士の学位授与。
一九六二	昭和三七	六月	四八歳	神戸女学院大学社会学部教授に就任。『生きがいについて』の執筆にとりかかる。 父、多門死去。 大阪大学助産婦学校で精神医学を教える。
一九六三	昭和三八		四九歳	津田塾大学教授に就任し、毎週上京する。神戸女学院大学は非常勤講師となる。 宣郎、プリンストン大学客員教授として渡米。
		八月		九月まで、渡米。ルイジアナ州カーヴィルの国立ハンセン病療養所を訪問。帰途イギリス、フランスに立ち寄り、医療施設を見学。兄の紹介で、ミッシェル・フーコーに会う。
一九六四	昭和三九		五〇歳	神戸女学院大学を辞任。

一九六五	昭和四〇	四月	五一歳	長島愛生園医長となり、月に二度、水曜から土曜を島で過ごす。津田塾大学は非常勤講師となり、年に一度集中講義を行なう。
一九六六	昭和四一		五二歳	『生きがいについて』(みすず書房)出版。 ヴァージニア・ウルフの病跡研究のため渡英。
一九六七	昭和四二		五三歳	長島愛生園医長を辞任。非常勤医として診療を続ける。
一九六八	昭和四三		五四歳	再び津田塾大学教授となり、集中講義を行なう。
一九六九	昭和四四		五五歳	ミッシェル・フーコー『臨床医学の誕生』(みすず書房)翻訳出版。
一九七〇			五六歳	ミッシェル・フーコー『精神疾患と心理学』(みすず書房)翻訳出版。
一九七一	昭和四六		五七歳	『人間をみつめて』(朝日新聞社)出版。最初の狭心症発作を起こす。
一九七二	昭和四七		五八歳	健康上の理由により、長島愛生園を辞任。その後も手紙や電話で入園者、職員との対話を続ける。
一九七三	昭和四八		五九歳	『極限のひと』(ルガール社)出版。
一九七四	昭和四九	八月	六〇歳	狭心症の発作で倒れ、一〇月まで入院。 『こころの旅』(日本評論社)出版。
		九月		一過性脳虚血発作(TIA)により、一一月まで入院。
一九七五	昭和五〇		六一歳	TIAで二回入院。『婦人之友』誌に「ハリール・ジブラーンの詩」を連載。
一九七六	昭和五一	四月	六二歳	津田塾大学教授辞任。膀胱ポリープ、TIA、狭心症のため入院。ヴァージニア・ウルフ『ある作家の日記』(みすず書房)翻訳出版。
一九七七	昭和五二		六三歳	宣郎、大阪大学を退官し、愛知県岡崎市の国立基礎生物学研究所教授に就任。 TIAで三回入院。
一九七八	昭和五三	一月	六四歳	岡崎の官舎に転居。TIAで三回入院。 秋から翌年にかけて『みすず』誌に「V・ウルフ病跡おぼえがき」を連載。
一九七九	昭和五四		六五歳	自伝『遍歴』を執筆。TIAで三回入院。
		一〇月		一時帰宅中に急性心不全の発作を起こし、死去。

※『神谷美恵子の世界』『うつわの歌　新版』(ともに、みすず書房)より抜粋して要約

出典一覧……記載するページ数は、本書の掲載ページをあらわす

『神谷美恵子著作集（１）生きがいについて』（神谷美恵子・著、柳田邦男・解説、みすず書房、１９８０年） p. 26、28、42、46、50、66、88、90、94、96、98、102、104、106、108、116、140、142、144、148、150、152、154、160、176、178

『神谷美恵子著作集（２）人間をみつめて』（神谷美恵子・著、加賀乙彦・解説、みすず書房、１９８０年） p. 16、20、22、48、76、92、180

『神谷美恵子著作集（３）こころの旅―付・本との出会い』（神谷美恵子、みすず書房、１９８２年） p. 72、100、156、192

『神谷美恵子著作集（６）存在の重み―エッセイ集２』（神谷美恵子、みすず書房、１９８１年） p. 18、34、38、44、84、146、186

『神谷美恵子著作集（９）遍歴』（神谷美恵子、みすず書房、１９８０年） p. 36、68、166、174

『神谷美恵子著作集（10）日記・書簡集』（神谷美恵子、みすず書房、１９８４年） p. 14、30、32、110、118、120、126、128、130、132、134、172

『神谷美恵子著作集（別巻）人と仕事』（神谷美恵子、みすず書房、１９８３年） p. 78、136

『神谷美恵子著作集（補巻１）若き日の日記』（神谷美恵子、みすず書房、１９８４年） p. 24、52、54、56、58、60、70、80、82、122、124、158、182、184

『神谷美恵子著作集（補巻２）神谷美恵子・浦口真左往復書簡集』（神谷美恵子、浦口真左、みすず書房、１９８５年） p. 74

『うつわの歌　新版』（神谷美恵子、みすず書房、２０１４年） p. 188、190

『神谷美恵子　聖なる声』（宮原安春、文春文庫、２００１年） p. 164、168、170

『喪失からの出発　神谷美恵子のこと』（太田雄三、岩波書店、２００１年） p. 64、194

参考文献

『神谷美恵子著作集（５）旅の手帖より―エッセイ集１』（神谷美恵子、みすず書房、１９８１年）

『神谷美恵子の世界』（みすず書房編集部編、みすず書房、２００４年）

『神谷美恵子―「生きがい」は「葛藤」から生まれる。』（河出書房新社〈ＫＡＷＡＤＥ夢ムック〉、２０１４年）

『ハリール・ジブラーンの詩』（ハリール・ジブラーン・著、神谷美恵子・訳、角川書店、２００３年）

『神谷美恵子　若きこころの旅』（太田愛人、河出書房新社、２００３年）

『会うことは目で愛し合うこと、会わずにいることは魂で愛し合うこと。神谷美恵子との日々』（野村一彦、港の人、２００２年）

『神谷美恵子　人と思想』（江尻美穂子、清水書院、１９９５年）

『神谷美恵子日記』（神谷美恵子、角川書店、２００２年）

人生《じんせい》は生《い》きがいを探《さが》す旅《たび》
神谷美恵子《かみやみえこ》の言葉《ことば》

監修者――日野原重明（ひのはら・しげあき）

編著者――昭和人物研究会（しょうわじんぶつけんきゅうかい）

発行者――押鐘太陽

発行所――株式会社三笠書房

〒102-0072 東京都千代田区飯田橋3-3-1
電話：(03)5226-5734（営業部）
　　：(03)5226-5731（編集部）
http://www.mikasashobo.co.jp

印　刷――誠宏印刷

製　本――若林製本工場

編集責任者　本田裕子
ISBN978-4-8379-2675-7 C0030